なぜ日本だけが
成長できないのか

森永卓郎

JN167293

角川新書

目次

プロローグ　ＧＤＰシェア３分の１のショック

■21年間で、GDPシェアが3分の1にまで落ち込んだ

日本経済が長期低迷していると、よく指摘される。確かに日本の統計だけをみていると、そう思えるだろう。しかし、世界との比較でみると、日本経済は低迷どころか、とてつもない転落をしているのだ。

国連統計で、世界のGDP(国内総生産)に占める日本の比率(GDPシェア)をみると、1970年には6・2%だったが、その後上昇を続け、1995年には、17・5%に達した。世界経済の2割近くが日本だったのだ。ところが、その後、日本のGDPシェアは転落を続け、2010年には8・6%になり、2016年には6・5%となっている。つまり、この21年間で、日本のGDPシェアは、3分の1に落ち込んだのだ。逆に言えば、この21年、日本経済が世界並みの、つまり普通の経済成長をしていたら、我々の所得は3倍になっていたことになる。

日本が成長できなくなったのは、人口減少が原因だという多くの人が信じ込んでいる神話がある。しかし、それは本当だろうか。1995年の日本の人口は1億2557万人だ。一方、2016年の日本の人口は1億2693万人となっている。つまり、21年間で、人口が1%も増えているのに、GDPシェアは3分の1になっているのだ。

図表1　日本の対世界 GDP シェアの推移

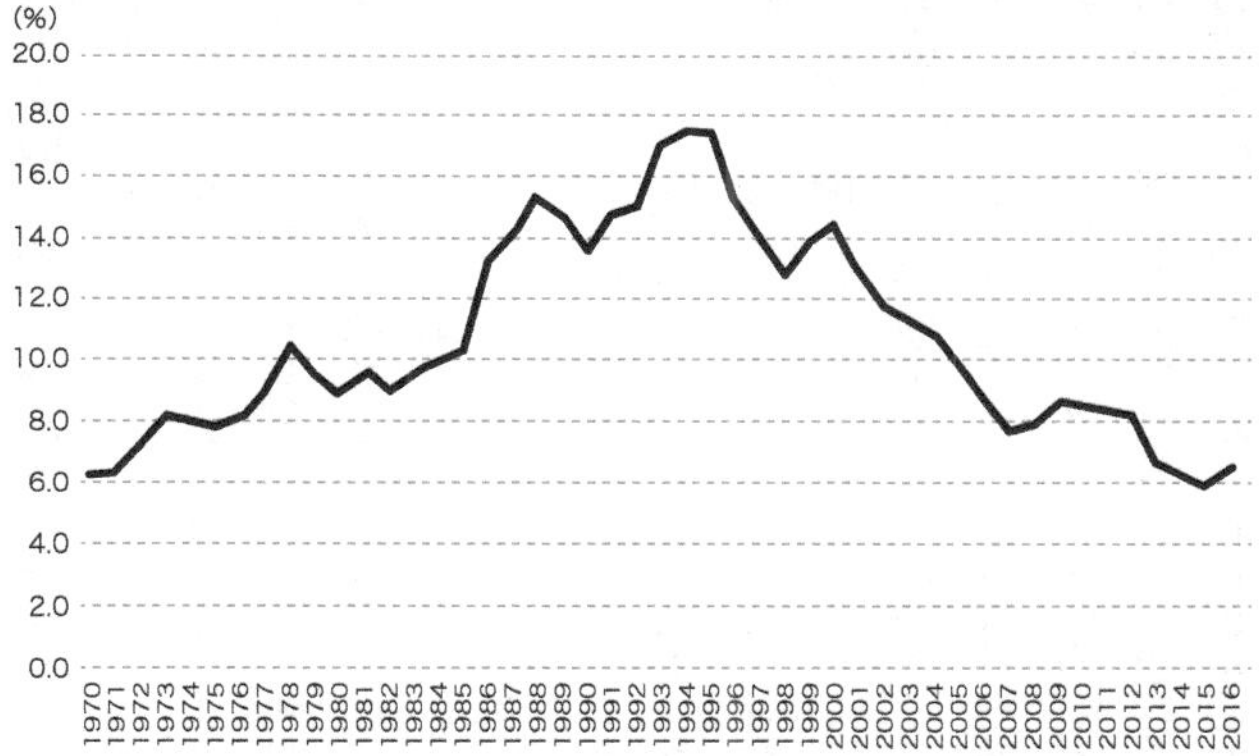

※出典：国連 National Accounts Main Aggregates Database より。

日本経済が成長できなくなったのは、高齢化で労働力が減ってしまったのが原因だという説もある。労働市場から引退し、社会で扶養しなければならない人数が増えれば、当然、生産力は落ちるから、この解説は納得がしやすい。そこで実際に働いている人の数（就業者数）をみてみよう。１９９５年の日本の就業者数は６４１４万人、一方、２０１６年の就業者数は６４６５万人となっている。減っているどころか、わずか０・１％だが、増えているのだ。

　人口は増加している、就業者数も増加している。だから、日本経済の低迷が、人口減少や高齢化のせいでないことは、誰の目にも明らかだ。それでは、ＧＤＰシェアが３分の１に激減した原因は一体何なのか。

　図表１をよく見てほしい。日本のＧＤＰシェ

アが本格的に転落を始めたのは、2001年からだ。小泉純一郎《こいずみじゅんいちろう》内閣の発足の年だ。意外に思われるかもしれないが、私は、「構造改革」が日本経済沈没の最大の要因だと考えている。構造改革、特に不良債権処理によって、日本の大切な資本が、二束三文で外資に食われてしまった。資本が外国のものになれば、当然、儲《もう》けは海外に持って行かれてしまう。

それは、我々の暮らしを考えても明らかだろう。いまから30年ほど前まで、日本は世界でも珍しいほど、外国資本の入っていない国だった。大手企業の外資と言えば、IBMとコカ・コーラくらいしかなかった。そのコカ・コーラも、原液の輸入こそ、米国資本の日本コカ・コーラがやっていたが、実際にコカ・コーラの製造・販売をしていたのは、地域ごとに設立された内資のボトリング会社だった。

私は1980年に大学を卒業して社会に出たのだが、ゼミの同級生の1人が外資に就職した。周囲は驚きの声をあげた。それくらい珍しいことだったのだが、結局、私の周りで外資に就職したのは、彼1人だけだった。

それが今やどうだろう。日本は外資系企業だらけの国になった。都心の高層オフィスビルに行くと、入居している企業が外資ばかりということも、しばしばだ。

いかに外資に支配されるようになったかというのは、我々の暮らしを考えてもわかる。日本の若者は、アップルのiPhoneで通話やデータ通信を行い、フェイスブックやツイッ

図表2　日本株の外国法人等による保有比率の推移

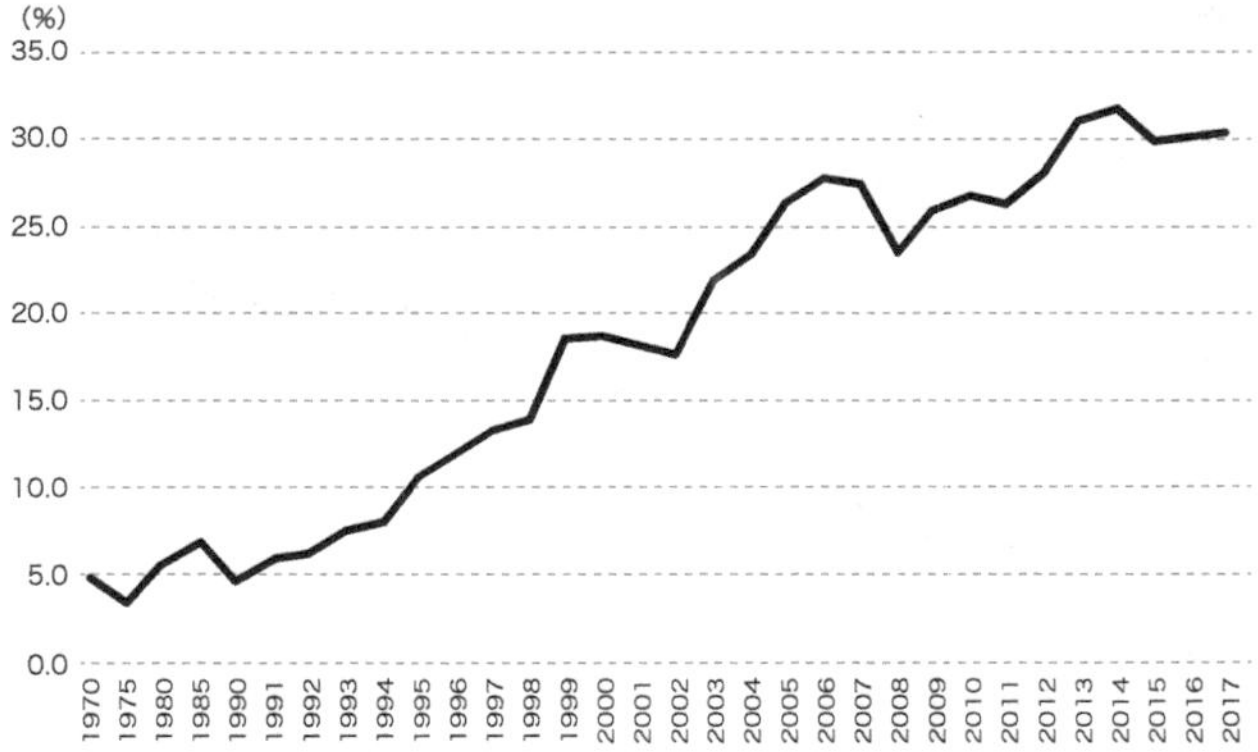

※出典：東京証券取引所　株式分布状況調査より。

ターでコミュニケーションを取り、アマゾンで買い物をする。かつては日の丸製品だけだった家電分野も、三洋電機の白物家電が中国のハイアールに売られ、東芝の白物家電は中国の美的集団に、東芝のテレビは中国の海信集団に、東芝の半導体メモリは、米国のベインキャピタルに売られた。そしてシャープは、台湾の鴻海精密工業に売却されたのだ。20年前には考えられなかった事態だ。

それだけではない。日本企業のままに見えても、株式の一定部分を外資に握られていることが多いのだ。東京証券取引所の「株式分布状況調査」によると、1990年度に5％未満だった日本株の外国法人等による保有比率が、2017年度には30％を超えている。不良債権処理が本格化した2000年代よりも10年も早い1

図表３　製造業海外生産比率の推移

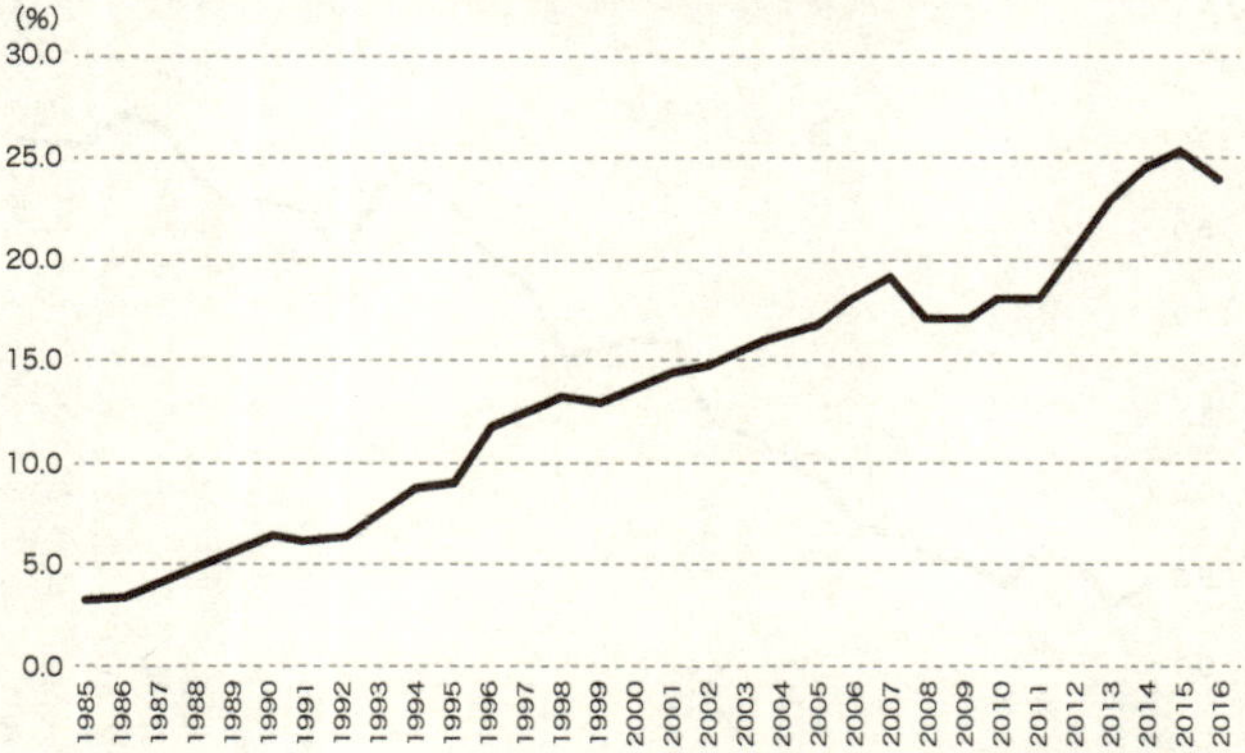

※出典：経済産業省「海外事業活動基本調査」より。

９９０年ころから、外資による日本侵食が進んでいたことになる（図表２）。

さらに考えておかなければならないのは、日本企業の海外生産だ。私は、ミニカーを集めていて、そのなかでも主力になっているのが、タカラトミーが製造しているトミカだ。トミカは１９７０年に発売され、もちろん当初は日本製だった。しかし、１９９１年から中国での生産が始まり、いまやすべて中国製かベトナム製になっている。経済産業省の「海外事業活動基本調査」によると、日本の製造業の海外生産比率は、１９８５年には３・０％に過ぎなかった。しかし、その後、じりじりと上がり続け、２０１６年には23・８％と、日本企業の生産のうち、ほぼ４分の１が海外で行われるようになっているのだ（図表３）。

■3段階で進んだ日本経済の空洞化

このようにみてくると、日本経済の空洞化は、3段階で進んだことがわかる。第1段階は、1986年以降に、日本企業が海外生産比率を上げていく海外移転。第2段階は、1990年のバブル崩壊以降、日本企業の株式を外国資本が買いあさり、外国資本による株式保有増。そして第3段階が、日本企業そのものが二束三文で外国資本に叩《たた》き売られた不良債権処理だ。

この3つは、それぞれ単独の現象のようにみえるかもしれないが、実は、この順序も含めて、大きなシナリオで結びついている。グローバル資本とその先棒をかつぐ構造改革派の日本人は、実に30年がかりで、日本経済を転落させていったのだ。

日本経済がずるずると転落していく事態に日本人が一切手を打てなかった、もしくは転落の事実さえわかっていなかったのには、重大な要因がある。それは、転落の原因を作った犯人たちが作り上げた3つの神話を信じ込んできたからだ。

第1の神話は、「日本は米国の軍事力、とりわけ核兵器の傘の下にいることで国の安全が守られており、駐留米軍を失ったら、国民の命や財産、国土を守ることはできない」という神話だ。この神話に基づいて、日本はずっと日米同盟という名の対米全面服従政策を採ってきたのだ。

第2の神話は、「金融緩和は経済にとって麻薬のようなもので、もし大きな金融緩和をすると、ハイパーインフレが到来して、国民生活が破壊されてしまう」という神話だ。この神話に基づいて、日本は安倍《あべ》政権発足直前まで厳しい金融引き締めを行ってきた。

第3の神話は、「日本の財政は先進国で最悪の状態にあり、財政破綻《はたん》を防ぐためには、消費税率を引き上げていく以外の方法はない」という財務省が作り上げた神話だ。この神話に基づいて、社会保障が大幅にカットされるだけでなく、消費税率も二度にわたって引き上げられてしまった。

この3つの神話がいかに根拠のないもので、この神話によって日本経済がどれだけ傷つき、そしていまなお傷つけられ続けているのか、その実態を、この後、時間の経過を追いながら、みていくことにしよう。

なお、本書では30年余りの経済の歴史を振り返るために、歴史的事実を扱った一部に、私の過去の著作である『雇用破壊　三本の毒矢は放たれた』(角川新書)と『日本経済「暗黙」の共謀者』(講談社プラスアルファ新書)の文章を加筆・修正して用いているので、予めお断りしておく。

第1章　日本経済集団リンチ事件

■日本経済の運命を根底から覆した「プラザ合意」

1985年9月22日、先進5カ国の蔵相、中央銀行総裁が、米国・ニューヨークのプラザホテルに集まり、日本経済の運命を根底から覆す決定がなされた。「プラザ合意」と呼ばれるこの取り決めは、表面上は、世界経済発展のため、為替《かわせ》を安定させましょうという約束になっていたのだが、実態は、日本円だけを狙い撃ちにして、各国の協調介入により、猛烈な円高に向かわせるというものだった。

実際、このプラザ合意をきっかけに為替は大きく動いた。プラザ合意直前まで、1ドル＝240円だった対ドル為替レートは、2年後の1987年末には1ドル＝120円の超円高となったのだ。2年で2倍の円高になったことになる。これは、日本から輸出する製品に一律100％の関税をかけるのと同じような影響をもたらすものだ。

トランプ政権が仕掛けた貿易戦争で、25％の関税をかけることが深刻な経済危機をもたらすと話題になっているが、そんなものとは、完全にレベルの異なる、とてつもないペナルティが日本経済に与えられたのだ。

私は、国の競争力の9割は為替が決めると思っている。為替が安ければ、国際競争力が高まり、高ければ低まる。例えば、日本国内で、240万円で造った自動車は、為替が1ドル

＝240円であれば、米国で、1万ドルで売ることができる。ところが、1ドル＝120円の円高になってしまうと、円ベースで同じ売り上げを確保しようとしたら、2万ドルで売らなくてはならない。1万ドルの車を2万ドルで売る、つまり2倍に値上げをすれば、当然競争力が失われてしまうのだ。その意味で、プラザ合意は、先進国による日本への集団リンチ事件と呼んでもよいものだったのだ。

なぜ、そんなとんでもない合意を日本政府や日銀が受け入れてしまったのか、それはいまだに明らかになっていない。ただ、どこから圧力がきたのかは、明確だ。もちろん、それは米国からだ。

■強烈な円高政策

1980年代、米国は苛立《いらだ》っていた。石油ショックの後、いち早く厳しい排ガス規制への対応を成し遂げ、小型で燃費のよさを実現した日本製の自動車は、米国市場を席巻《せっけん》していた。ところが、米国国内で販売される自動車の2割が日本車になるに及んで、米国は怒りを爆発させた。厳しい日米交渉の結果、日本は米国への輸出の自主規制をすることになり、1981年、日本は前年実績比15％減の168万台以下に輸出を抑制することになったのだ。なぜ関税ではなく、自主規制という形を採ったのかというと、当時のレーガン政権は、自由貿易を掲げていたからだ。自由貿易を掲げて、日本に牛肉やオレンジの市場開放を求める一方で、日本に自動車輸出の自主規制を求める。ダブルスタンダードの利己主義政策だった。

しかし、自動車産業を自主規制に追い込んだにもかかわらず、産業全体としてみると、日本の輸出攻勢は止まらなかった。そこで、日本の勢いを一気に止めてしまおうというのが、プラザ合意による円高政策だったのだ。

プラザ合意後、米国の目論見《もくろみ》どおり、日本の輸出に急ブレーキがかかり、日本経済は深刻な円高不況に見舞われた。為替レートをいきなり2倍に引き上げたのだから、当然と言えば当然の結果だった。

実は、同じようなことをかつて終戦後の沖縄が経験している。太平洋戦争で米国に占領された沖縄では、１９４６年4月に、米軍が発行するB円という軍票が公式通貨とされた（米軍が韓国で使用した軍票がA円と呼ばれた）。その後、１９４８年7月には、日本円の使用が禁止され、沖縄で使える通貨はB円だけになった。終戦後、米軍は沖縄に米軍基地を建設するため、多くの沖縄の労働者を使用したが、労働者に支払われたお金は、米軍が作った紙切れだったのだ。

当初、B円と日本円は等価だった。つまり、１B円＝１円だったのだ。ところが、１９５

0年4月、米軍は、突然B円の為替レートを1B円＝3円に切り上げた。この為替政策によって、米軍が日本から資材等を輸入する際のコストが3分の1に減った。おそらく、それが為替変更の目的だったのだろう。

しかし、このB円高によって、沖縄の製造業は、完全に国際的な価格競争力を失ってしまった。いまでも、沖縄県の製造業は、他の地域に比べると圧倒的に脆弱《ぜいじゃく》だ。「県民経済生産」によると、産業全体のGDPに占める製造業の割合は、全国平均が20・8％であるのに対して、沖縄県は4・9％に過ぎないのだ。

1958年にB円は廃止され、それ以降、沖縄では米ドルが使われることになったが、たった8年間の通貨高で、沖縄の製造業は壊滅してしまったのだ。それだけ、通貨高の影響は大きいということだ。

だから、プラザ合意による2倍の円高が、沖縄と似たような影響を日本の製造業に与えることは、初めからわかっていた。その円高を日本が受け入れたということは、戦後40年も経った1985年の日本が、終戦後の沖縄と同じように、実質的に米国の占領下に置かれていたことを意味するのだ。

ちなみに、1945年9月に戦艦ミズーリの艦上で、日本が降伏文書に署名した直後、GHQは日本政府に三布告と呼ばれる要求を突き付けてきた。三布告は、①司法権をGHQが持つ、②通貨の発行権をGHQが持つ、③公用語を英語とする、という3項目を要求するものだった。この三布告は、外務官僚の機転で発効直前に差し止められたが、完全占領下にあった沖縄では、ほぼそのまま実行された。沖縄経済の失速は、GHQ、すなわち事実上の米国に通貨を握られたことで、もたらされたのだ。

■バブルの発生

プラザ合意による超円高が訪れたあと、当然のように日本の輸出産業は大きなダメージを受け、日本経済は、深刻な景気後退に突入した。政府と日銀は、景気悪化を食い止めるため、大規模な財政出動と大胆な金融緩和を重ねる経済対策に打って出た。そのことが、その後、巨大なバブルが発生する原因になったのだと言われている。

日経平均株価は、1985年末に1万3113円だったのが、86年末に1万8701円、87年末に2万1564円、88年末に3万159円、89年末に3万8915円と、株価は4年間で約3倍に値上がりした。全用途平均の市街地価格指数（2010年3月末＝100）は、1985年に159・4だったのが、1990年には46％高の233・3となり、翌1991年には257・5と最高値を記録した。株価のバブルが崩壊したのは1990年の年初だったから、地価のバブル崩壊は、１年遅れたことになる。

こうしたバブルを引き起こした要因は一体何だったのだろうか。まず、公共事業費（実質公的固定資本形成）をみると、その伸びは、86年が３・９％、87年が５・１％、88年が５・５％と確かに高いが、89年は▲０・４％となっている。86年から88年の伸びも、とてつもなく大きいというわけではないので、財政出動がバブルをもたらした要因の一つだったことは確かでも、やはりバブルの主な要因は、金融面だったと考えられる。

そこで日銀の動きをみると、日銀は、それまで５・０％だった公定歩合を86年１月に４・５％に引き下げた。その後、同年３月に４・０％、同年４月に３・５％、同年11月に３・０％と急激な引き下げを行い、87年２月には２・５％にまで引き下げた。この低金利は、89年５月に公定歩合が３・25％に引き上げられるまで続いた。

金利が低ければ資金需要が増え、それが経済全体を潤していくというのは、経済学の常識だ。ただ、いまのゼロ金利と比べれば、２・５％という公定歩合は、それほど低いとは言えない水準だ。それでもバブルが発生した本当の理由は、日銀の「窓口指導」のためだったとみられる。

日銀は、それぞれの銀行ごとに貸し出しの伸び率の上限を指示する窓口指導をずっと行ってきた。バブル期には、窓口指導は、表向き廃止されたことになっていたが、現実には続いていた。それは、私自身が、当時の大手銀行の行員に確認したので間違いない。

銀行は、窓口指導で示された融資の伸び率を何が何でも達成しなければならない。万が一達成できないと、翌年の伸び率を減らされてしまうからだ。役人が予算を使い切ろうとするのと、同じ構造だ。ところが、いくら融資を増やしたくても、円高不況で融資を受けたいという資金ニーズがない。そこで、銀行がのめり込んでいったのが、不動産融資だった。表向き、銀行は不動産投機のための資金を貸してはならないことになっている。しかし、体裁を整えることは難しいことではない。銀行は、不動産投機をビジネスに偽装して、不動産融資を拡大していったのだ。不動産市場に投機資金が大量流入するのだから、当然、不動産価格は、急上昇していくことになった。しかし、そのことは銀行にとって願ってもない変化だった。地価の上昇によって、不動産投機への融資が、焦げ付くことがなかったからだ。

■「前川レポート」は景気拡大策ではなかった

このように、バブルを起こした犯人は、大蔵省と日銀の2人だということは、間違いのない事実だ。ただ、実行犯が大蔵省と日銀であるとしても、私は、その背後に、本当の犯人がいると考えている。それは、米国だ。

私は、84年から86年まで、経済企画庁に出向していたので、よく覚えているのだが、86年4月に日本政府の構造改革策をまとめた「前川《まえかわ》レポート」が発表された。日本との貿易不均衡に苛立つ米国に対して、前川春雄《はるお》前日銀総裁が座長となってまとめた、日本としての経済構造改革策のレポートだ。

前川レポートのなかに、その後10年間で４３０兆円の公共投資を行うことにつながった「財政出動」が盛り込まれていたため、前川レポートは財政政策中心の景気拡大策だと言われることもある。だが、それだけではなかった。

前川レポートの一部を下記に引用しよう。

報告書（経構研報告）

昭和61年４月７日　国際協調のための経済構造調整研究会

内閣総理大臣　中曽根　康弘殿

国際協調のための経済構造調整研究会

（中略）

2．国際的に調和のとれた産業構造への転換

国際的に調和のとれた輸出入・産業構造への転換は、基本的には市場原理を通じ推進されるものであるが、次の施策の推進によりその促進を図るべきである。

（1）産業構造の転換と積極的産業調整の推進

国際分業を促進するため、積極的な産業調整を進めなければならない。

このため、中小企業等への影響に配慮しつつ、積極的に産業構造の転換を推進する必要がある。この関連で、現在法律によって推進中の構造改善については、その早期達成を期する。さらに、石炭鉱業については、地域経済に与える深刻な影響に配慮しつつ、現在の国内生産水準を大幅に縮減する方向で基本的見直しを行い、これに伴い海外炭の輸入拡大を図るべきである。

また、産業転換を進めるに当たっては、技術開発、社会及び経済の情報化及びシステム化、自由時間の増大と消費構造の多様化に伴うサービス産業の発展等を促進する

必要がある。

（2）直接投資の促進

海外直接投資は、我が国の対外不均衡の是正と投資先国の経済発展の上で重要な役割を果たすものである。近年、海外投資は急速な拡大傾向にあるが、今後、国内雇用・経済への影響等に配慮しつつ、これを積極的に促進すべきである。このため、二国間投資保護協定の締結促進、海外投資保険制度の拡充、国際投資保証機構（ＭＩＧＡ）への参加、その他政府の支援措置の強化を図る。

また、開発途上国における投資環境整備のための経済協力の拡充を図ることも必要である。

一方、対日直接投資についても、金融措置・情報提供の充実等により、積極的に推進する。さらに、技術交流、第三国市場協力を含めた産業協力及び民間を主体とした産業協力機関の設立など人的交流の促進を積極的に推進すべきである。

（3）国際化時代にふさわしい農業政策の推進

我が国農業については、国土条件等の制約の下で可能な限りの高い生産性を実現するため、その将来展望を明確にし、その実現に向けて徹底した構造改善を図る等、国際化時代にふさわしい農業政策を推進すべきである。この場合、今後育成すべき担い手に焦点を当てて施策の集中・重点化を図るとともに、価格政策についても、市場メカニズムを一層活用し、構造政策の推進を積極的に促進・助長する方向でその見直し・合理化を図るべきである。

基幹的な農産物を除いて、内外価格差の著しい品目（農産加工品を含む）については、着実に輸入の拡大を図り、内外価格差の縮小と農業の合理化・効率化に努めるべきである。

輸入制限品目については、ガット新ラウンド等の交渉関係等を考慮しつつ、国内市場の一層の開放に向けての将来展望の下に、市場アクセスの改善に努めるべきである。

3. 市場アクセスの一層の改善と製品輸入の促進等

（1）市場アクセスの一層の改善

アクション・プログラム（関税、輸入制限、基準認証、政府調達等）の完全実施を促進する。また、市場アクセスの一層の改善を図るため、市場開放問題苦情処理推進本部（O．T．O．）については、その法制化の検討を含め、機能を強化する。

（2）製品輸入等の促進

製品輸入の促進については、現地生産、中間財・製品の輸入拡大等、国際分業化に資する海外投資をはじめ、構造的諸対策の着実な実施と併せ、更に積極的に取り組むべきである。特に、流通構造の合理化の促進、流通・販売に係る諸規制の見直しを行うとともに、不公正な取引の防止等独禁法の厳正な運用（注）、外国商標に係るものその他の不正商品を排除するための国内体制の整備を図る。

（注）国際契約届出の監視。不当な排他的取引等に対し厳正に対処。並行輸入を不当に阻害する行為の監視。

また、国民に対する輸入促進キャンペーンの強化、海外に対する流通・市場についての情報提供の充実等製品輸入促進策の整備を図るとともに、開発途上国からの製品輸入拡大に資する経済協力の拡充、民間ベースの技術移転等を促進する。

農業での市場原理を活用し、基幹作物を除いて輸入を増やす。つまり、コメなどの本当に大切な農産物は守るが、その他の農産品は市場を開放して、輸入品に代替するという方針が、前川レポートには明確に示されている。日本には莫大《ばくだい》な対外債権があり、外資を受け入れる必要など皆目ないにもかかわらず、対日直接投資も積極的に拡大するとしている。日本企業を売り渡すとは書いていないが、日本企業のたたき売りセールの原点がすでに、前川レポートにはきちんと盛り込まれていたのだ。

プラザ合意によって日本を超円高に追い込み、円高不況に陥った日本に、景気対策としての大規模公共事業を実施させる。さらに、「海外資本による投資環境」という名の日本企業の売却環境を整えさせる。私は、もうこの時点で、米国は、日本経済の乗っ取り計画をきちんと整えていたのではないかと考えている。

第2章　最強だった日本型金融システムを破壊する

■戦後経済復興の最大の要因は不動産担保融資

戦後、日本が奇跡の経済復興を成し遂げた最大の要因は、日本型金融システムだったと私は考えている。銀行は不動産を担保に取って、融資をする。その後、地価が上昇すると、担保不動産の価値が上昇するから、担保余力が生まれる。企業は、その担保余力を使って、新たな借り入れが可能になり、その資金を使って、また新たな設備投資を行う。そうやって、企業がどんどん成長を続けることができたのだ。

この不動産担保融資には、根強い批判がある。銀行の本来の役割は、融資先企業の将来性をきちんと審査して、たとえ担保がなくても、将来性のある企業に融資をすべきだという批判だ。そうした批判は、一見正論のようにみえるかもしれないが、まったくの机上の空論だ。未来のことなんて、誰にもわからない。企業が将来儲《もう》かるかどうかなんてことは、いくら銀行員の能力が高くても、いくら綿密な審査をしても、絶対にわからないのだ。それでは、銀行はどうするのかというと、一般的には、焦げ付きを予《あらかじ》め織り込んで、その分、高い金利で貸す。もし融資先が倒産して、資金が回収できなくなったら、貸し倒れに備えて積み立てておいた資金で穴埋めをするのだ。これは、世界中の銀行がやっている普通のやり方だ。

ところが日本の銀行だけは違っていた。融資を担保不動産で完全にカバーする。企業の経営が行き詰まって、融資を返済できなくなったら、銀行は、担保に取った不動産を処分して、資金を回収する。しかも、日本の銀行は、中小企業相手の融資の場合、社長の個人保証も取っているから、社長の家屋敷まで処分させて融資を回収する。そういうやり方は、あまりに理不尽だという批判もある。しかし、私はそうは思わない。そもそも銀行は、預金者から元利保証で預金を預かっている。銀行は、預金者の求めがあれば、耳を揃えて預かった預金を返さないといけない。融資をしたら焦げ付いてしまったから、返せませんとは、口が裂けても言えないのだ。その点を考えると、不動産担保融資は最強の金融システムだと言える。担保処分で資金を完全に回収できるという意味で、銀行にとってリスクがまったくないからだ。

■低コストで資金を手に入れた日本の企業は戦後、大きく発展

だったら、日本以外の国もこのやり方を真似すればよいと思われるかもしれないが、そうはいかない。日本は、国土が狭く、さらに山地の割合が高いため、平地が極端に少ない。だから土地に高い値段がつく。その土地を担保に取るから、融資を完全にカバーできるのだ。一方、例えば米国は、国土が広大で、平地も多いので、そもそも土地に高い値段がつかない。だから融資を不動産担保でフルカバーできないのだ。そのため、融資の焦げ付きを予め織り

込んで、高い金利を取らないといけない。実際、日本の銀行と米国の銀行の預貸利鞘《りざや》を比べると、日本は米国の半分以下になっている。つまり、日本の銀行は企業に米国よりもずっと低い金利で融資ができているのだ。企業にとって、資金調達のコストは、経営を大きく左右する重大な問題だ。そこで、低コストの資金を手に入れることのできた日本の企業が、戦後、大きく発展できたのは、当然のことだったのだ。

しかも、この不動産担保金融は、銀行だけでなく、融資先企業の経営を長期的に守る意味でも大きな役割を果たしていた。

1993年に、奥野《おくの》正寛《まさひろ》、岡崎哲二《おかざきてつじ》、植田《うえだ》和男《かずお》の三氏が『現代日本経済システムの源流』という書籍の中で、画期的な研究成果を発表した。日本型雇用慣行、長期取引を前提とする日本的経営、系列取引、行政指導などの「日本型」経済システムは、日本の伝統や文化に根差したものではない。その源流は、1937年の日中戦争の開戦から1945年の太平洋戦争の終戦まで、わずか8年の間に、戦時経済体制として生まれたものであり、旧ソ連の計画経済を手本にしたものだ。それが、この研究の結論だった。

戦前の日本に終身雇用慣行はなく、戦時経済体制で転職が制限されたことで、長期雇用慣行は生まれた。系列取引も、国家総動員で、政府がどの企業に何を作らせるのかを指示したことから生まれたものだし、行政指導もまさに同じ事情から生まれた。そして、この戦時経済体制のなかで生まれた一番大きなシステムが、メインバンク制度だったのだ。

■日本型経営システムの肝は、「メインバンク制度」

銀行が不動産担保で融資をすると、企業は自社の大切な資産を担保として銀行に差し出すことになるので、当然、両者の関係は、緊密で、長期的なものになる。やがて、企業は融資を受けた銀行をメインバンクとし、深い信頼を寄せるようになる。そして、しばしば企業と銀行はお互いの株式を持ち合うようになって、両者は運命共同体になる。万が一、企業が経営不振に陥った場合は、銀行は資金ショートが起きないように運転資金を供与するだけでなく、役員を送り込んで、経営再建を進めた。そのため、日本企業の経営は大きく安定したのだ。

さらに、財閥系の企業の間では、もっと強い結びつきがあった。例えば、三菱系企業の社員は、生命保険は明治生命（当時）に加入し、損害保険は東京海上（当時）、銀行は三菱銀行（当時）を利用する。ビールはキリンビールで、社用車は三菱自動車を使うといったように、グループ内での取引を優先した。さらに、グループ内企業で余剰人員が出ると、グループ内の他企業が、積極的に余剰人員を受け入れた。こうした余剰人員の発生を抑制する仕組みが、ますます終身雇用制を強固なものにしていった。

そしてこの日本型経営システムは、日本企業を乗っ取ろうとする側から見ると、非常に攻撃が難しいシステムだった。鉄壁の守りをされていると言ってもよいだろう。株式の持ち合いをしているから、容易に過半の株式を獲得して経営を乗っ取ることができない。メインバンクがついていて、いつでも低利の安定した融資を受けられるため、資金不足で追い詰めることもできない。何より、長期取引慣行の下で経営が安定しているから、経営に付け入る隙がなかったのだ。

しかし、不動産担保融資を中心とする日本型金融システムには、ひとつだけアキレス腱《けん》があった。それは、不動産価格が大きく下がると、途端に機能しなくなるということだ。

■バブルでつり上げた不動産価格を奈落の底に突き落とす

例えば、1000億円分の不動産担保を取って、銀行が企業に800億円を融資したとしよう。ところが、担保にいれた不動産が突然値下がりして、300億円の価値しかなくなってしまうと、銀行は担保を処分しても、差し引き500億円が回収不能になってしまう。もちろん、不動産の価格というのは、経済規模に比例して上がっていくから、普通の成長経済では、そんなことはあり得ない。しかし、不動産担保金融を破壊する方法が一つだけある。それは、バブルで不動産価格をつり上げておいて、そこから、バブル崩壊で奈落《ならく》の底に落としてやることだ。

実際のデータに則して考えてみよう。バブルのピークとなった１９９１年の商業地の市街地価格指数は、１９５・５（２０００年＝１００）だった。それが、２００５年には60・６まで下がっている。14年間で、実に69％の値下がりだ。担保の掛け目を８割とすると、１９９１年に１００億円借りるためには、企業は１２５億円の担保不動産を差し出さなければならなかった。ところが、その不動産が69％値下がりすると、担保不動産の価値は39億円しかなくなる。企業が借りている借金は１００億円、担保不動産の価値は39億円で、差し引き61億円の担保不足が生じる。これが「不良債権」と呼ばれるものの正体なのだ。

不良債権というと、バブルの熱狂に悪乗りした企業が、安易なテーマパークを作って、ほとんど客が来ず、廃墟《はいきょ》になってしまった。そんなイメージを持つ人が多いと思う。確かにそうしたケースがゼロだったわけではないが、大部分の不良債権は、上に示したような単なる担保割れだったのだ。

そして、日本経済の破壊者たちが、日本経済を食い物にするために用いた最も狡猾《こうかつ》な手段は、バブル崩壊後の谷を深くする、つまり逆バブルを発生させたことだ。

これも実際の数字に則して考えてみよう。1985年3月、商業地の市街地価格指数は、108・1だった。バブル発生前の地価だから、これが平時の地価だと言ってよいだろう。これが1991年には、195・5まで上昇した。バブルの発生で2倍近くに上昇したのだ。ところが、バブルが崩壊して、地価は、元の108・1に戻ったのではない。例えば、2005年には60・6まで下がっている。これは、平時よりも44％も低い地価だ。こうなるとバブルのピークに借金をした企業だけでなく、平時に借金をした企業も、担保割れを起こす。日本中が、不良債権だらけになってしまうのだ。その意味で、バブル崩壊が明らかになっていたにもかかわらず、わざわざ逆バブルを発生させるように、総量規制に踏み切った大蔵省と、強烈な量的金融引き締めを続けた日本銀行は、やはり日本経済たたき売りの主犯と言ってもよいだろう。

ただ、逆バブルが発生しても、日本経済が助かる道はあった。それは、不良債権が発生しても、放置しておくことだ。

図表4を見てほしい。2005年の地価は、平時の1985年の水準を大きく下回っている。これが逆バブルで、不当に安い地価がついていたのだ。矢印で「逆バブル」と書いているのが、その不当に安い部分だ。バブルが必ずはじけるのと同様に、逆バブルも必ずはじける。だから不良債権処理のような余計なことをせずに静観していれば、少なくとも逆バブル

図表4　市街地価格指数（商業地）の推移

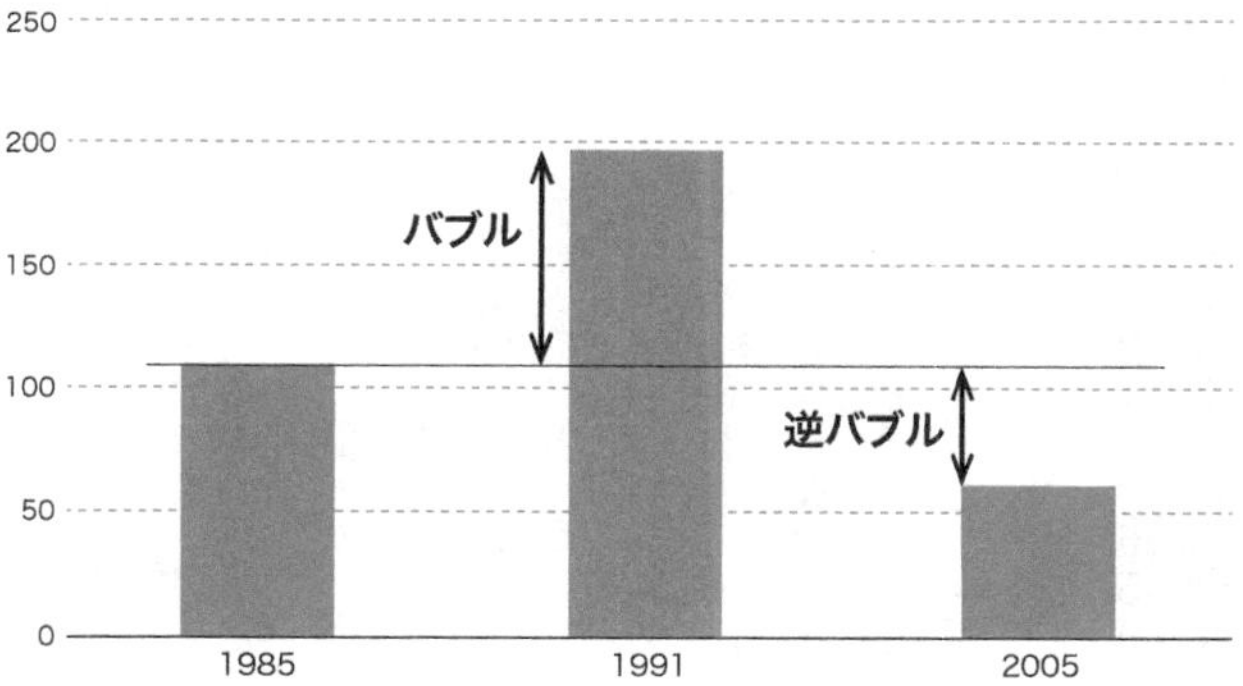

※出典：一般財団法人日本不動産研究所研究部「市街地価格指数・全国木造建築費指数」より。

によって発生した不良債権は、時が経てば雲散霧消してしまうのだ。

だから、私は不良債権のことは気にせず、銀行は融資を続けろとずっと主張していた。不良債権問題は、放置しておいて構わないとずっと言っていたのだ。その代わりに、デフレを止めて、地価を本来の水準に戻すことが優先されるべきだと、私は言い続けたのだ。しかし、ほぼすべての評論家や経済学者、政府関係者は、不良債権に対して、別の対処法を主張した。地価がどこまで下がり続けるかわからない。だから、傷の浅いうちに、借金が担保割れしている企業をさっさと潰して、担保処分で回収できない部分は銀行が損失をかぶれと主張したのだ。

例えば、不良債権の象徴と言われたダイエーは、経営が悪化して産業再生機構送りになったと思い込んでいる人が多い。しかし、事実は異なる。産業再生機構送りになるまで、ほとんどの年に、ダイエーは黒字決算をしていた。ダイエーの経営自体は、まったく問題なかったのだ。唯一、問題だったのは、ダイエーが銀行から借金をして、駅前一等地に店舗を構えていたことだ。それが、逆バブルの発生で、担保価値が借金に追いつかない「担保割れ」を起こしていた。それだけが問題だったのだ。もしダイエーに対する不良債権処理を断行せず、銀行がずるずると融資を続けていたら、いま何が起こっただろうか。間違いなく、ダイエーは超一流企業としての地位を固めていただろう。

ダイエーが所有していたのは、駅前一等地の店舗ビルだけではない。リクルート、オーエムシーカード、ローソン、マルエツ、ほっかほっか亭、神戸《こうべ》らんぷ亭、プランタン銀座《ぎんざ》、銀座ダイエービル、新神戸オリエンタルホテル、福岡ダイエーホークス、福岡ドーム、シーホークホテルなど、数えきれないほどの優良資産をダイエーは持っていた。それが、不良債権問題でダイエーが追い詰められるなかで、次々に売却されていったのだ。

そしていま、都心の一等地の地価は、大きく上昇している。例えば、銀座5丁目の文具店「鳩居堂」前の2018年の路線価は、1平方メートル当たり4432万円と、バブル期のピークだった1992年の3650万円を21%も上回っているのだ。

逆に言えば、ダイエーから不動産や関連企業を取得した資本は、濡《ぬ》れ手《て》で粟《あわ》の大儲けをしたことになる。そのなかには、当然、多くのハゲタカ・ファンドが含まれていたのだ。

不良債権処理を断行する。この戦略が、日本が戦後、営々と築き上げてきた企業資産を、二束三文でハゲタカに売り渡す最大のきっかけになったことは間違いないだろう。

第3章　小泉政権と不良債権処理

小泉純一郎元首相の人気は、いまだに非常に高い。短い言葉で、はっきりと物事を言い、抵抗勢力と名付けた仇敵《きゅうてき》をばっさばっさと切り捨てていく様が、まるでドラマをみているように楽しかったからだろう。まさに小泉劇場だ。

しかし、本書の冒頭で述べたように、日本経済が急転落を始めたのは、小泉内閣のときからだ。それは偶然の一致ではない。私は、小泉政権の経済政策、とりわけ不良債権処理が、日本経済が転落した最大の原因だと考えている。それは、一体何故なのか。以下で詳しくみていこう。

■小泉政権の誕生

2000年から2004年にかけて、私はテレビ朝日の報道番組「ニュースステーション」のコメンテーターを務めていた。そこで、私は、いまだに悔み続けている人生最大の失敗をしてしまった。

森喜朗《もりよしろう》首相の退陣を受けた2001年4月の自民党総裁選挙には、橋本龍太郎《はしもとりゅうたろう》、麻生太郎《あそうたろう》、亀井静香《かめいしずか》、小泉純一郎の4人が立候補した。当初の下馬評では、橋本龍太郎氏の圧勝だったが、「ニュースステーション」は、総裁選挙の直前、候補者を一堂に集めて政策討論をしてもらうという企画を立てた。橋本龍太郎、麻生太郎、亀井静香の3候補は、きちんと局から示された入り時間通りに、余裕を持って控室に集まった。「ニュースステーション」の司会をしていた久米宏《くめひろし》さんのスタンスは、反権力、反自民だったから、自民党の国会議員からは、煙たがられていた。案の定、控室では、3候補が久米宏批判の話で大いに盛り上がっていた。

本番直前、私は久米さんに呼ばれた。「今日の討論会は、日本の総理大臣を決める重要な討論会だ。だから、僕に議論を仕切らせて欲しい」。「久米さんの番組ですから、当然のことじゃないですか」。「そういうことではなくて、途中で口を挟まないでほしいんだ。その代わり、最後の質問は、森永さんに任せる。だからそうしてくれないか」。私は、「承知しました」と答えた。

他の3候補と異なり、小泉純一郎候補だけが、本番直前にスタジオに飛び込んできた。残りの3候補とは、生放送のスタジオで初めて顔を合わす形だ。

生放送の討論会の口火を切ったのは、亀井静香氏だった。ことあろうに、亀井氏は、久米宏さんの普段の「偏向報道」への批判から始めた。私は、亀井氏の掲げる政策に賛成できる部分が多かったので、まずいなと思った。「ニュースステーション」は、久米さんを好きな人が見ている。それを、久米批判から始めてしまったら、亀井氏のイメージが悪化してしまうと思ったのだ。ところが、この久米批判が3候補の間では、とても受けた。3候補の討論は、いかにテレビ朝日のスタンスが間違っていて、自民党が正しい政策を採っているかということで、盛り上がってしまったのだ。その間、小泉候補は、ほとんどしゃべらなかった。時間は、あっという間に過ぎ、久米さんが私に目配せをしてきた。最後の質問をしなさいという合図だ。そこで、私の小心さが、前面に出てしまった。

私はバランスを取らないといけないと思った。それまで、ほとんど発言をしていない小泉氏にしゃべらせないといけないと考えたのだ。私は、小泉候補にこう質問をした。

「小泉さんは、厚生大臣を務められていらっしゃいましたが、今後、日本の年金制度について、どのような改革をしていこうと思いますか？」。

私の質問を無視して、小泉候補は、こう叫んだ。「こんなくだらない内輪もめばかりしているから自民党は、ダメなんだ。自民党をぶっこわす。構造改革だ！」。そこで、ＣＭに行って、討論会は終了となった。私は青ざめた。これは、まるで「小泉純一郎ショー」だ。おいしいところを全部小泉候補に持って行かれてしまった。ただ、いくら後悔しても、後の祭りだった。

その後の展開は、ご存じの通りだ。当初、泡まつ候補と呼ばれた小泉純一郎候補の人気はうなぎのぼりとなり、自民党総裁選挙でも、地方票１４１票のうち１２３票を獲得する圧倒的な勝利を手にしたのだ。その勢いそのまま小泉純一郎氏は、自民党総裁となり、第87代内閣総理大臣に就任することになった。私は、暗澹《あんたん》たる気持ちで、小泉総理大臣誕生のドラマを眺め、そして日本の未来を案じていた。

自由民主党という政党は、幅広い政治理念を持つ政治家が集まっている。そのなかで、小泉氏が属する清和《せいわ》政策研究会（現在の細田《ほそだ》派）は、市場原理主義かつ主戦論の基本理念を持っている。金持ちになるかどうかは、その人の能力や努力の結果であり、結果としての格差はやむを得ない。また、八方美人の外交政策を否定し、日米同盟の深化、すなわち対米全面服従の戦略を採る。それまで、自民党でずっと主流派だった保守本流の平和主義かつ平等主義とは、相容《あいい》れない理念を持っているのだ。

だから、小泉政権が誕生すれば、弱肉強食政策が採られ、格差が拡大していくのではないか、日本の平和が脅かされるのではないか、という不安は当初からあった。その不安は、結果的に現実のものとなってしまったのだが、私は、まさか小泉純一郎首相が、日本企業のたたき売りセールにまで出るとは、当時まったく予想していなかった。

■同時多発テロと米国からの生贄要求

小泉首相の就任した年、２００１年９月11日に、ニューヨークで同時多発テロが発生した。

米国本土が、建国以来初めて攻撃されたのだ。大混乱のなかで株価は下落し、米国経済は深刻な危機に立たされた。小泉首相は、テロ直後の2001年9月25日に、ホワイトハウスにブッシュ大統領を訪ねた。小泉総理は、新法を準備して米国の武力報復に自衛隊を派遣することをアピールしたが、ブッシュ大統領は意外な要求をしてきた。

「米国経済はテロで大きな打撃を受けたが、経済安定のために、やれる政策はみなやっている。日本も経済安定のために不良債権処理をぜひとも実行してほしい」。

それまでも米国は、事あるごとに抜本的な不良債権処理を要求してきていたから、目新しい要求というわけではなかったのだが、小泉首相はブッシュ大統領の要求に「今後2、3年で処理する」と断言した。

そして日本は、2002年9月10日に運命の日を迎える。同時多発テロ1周年を受けてニューヨークを訪問した小泉首相は、外交評議会の席で、不良債権処理に関して次のように語ったのだ。

「企業倒産が起こり、デフレが進み、失業者が出るという批判がある一方、倒産、失業者の存在を恐れずどんどん進めろという批判がある。1年数カ月首相をやってわかってきた。専門家の意見を聞けば聞くほど全く違ったことを言う。最終的に決

めるのは自分しかない。覚悟して不良債権処理を加速させなければならないという
のが今の私の認識だ」

外交評議会というのは、米国の新自由主義者たちの集まりだ。小泉首相は、日本の国会や国民に不良債権処理の方針を説明するまえに、米国の新自由主義者たちに、抜本的な不良債権処理の断行を宣言したのだ。誰がどう考えても、「問題企業」を米国に生贄《いけにえ》として差し出すという宣言だったのだ。

小泉首相はすぐに動いた。「不良債権終息宣言をできるようにせよ」と、金融庁に指示したのだ。だが、柳澤伯夫《やなぎさわはくお》金融担当大臣の動きは鈍かった。「不良債権処理は着実に進展している」、「いまは公的資金を注入しなければならないほどの金融危機ではない」。そうした柳澤大臣の発言は、金融危機を認識しない呑気《のんき》さとしてメディアから批判の対象となった。そして小泉総理の逆鱗《げきりん》に触れてしまったのだろう。２００２年９月30日の内閣改造で、柳澤大臣は更迭されてしまったのだ。

日本のマスメディアは、この人事を好意的に受け止めた。それは米英のマスコミも同じだった。例えば、10月１日付のウォール・ストリート・ジャーナルは「金融機関への公的資金再注入に消極的だった柳澤伯夫金融担当相は、金融システム改革の足を引っ張っていたとみ

られていた」と紹介し、同日付英紙フィナンシャル・タイムズは「本格的金融改革が進展する明白な兆候」と強い期待感を明らかにした（２００２年10月２日付産経新聞による）。

柳澤大臣に投げかけられた非難は「危機感がない」とか「嘘つき」というひどいものだったが、私は、柳沢大臣が危機を認識していなかったとは思わない。彼は、いちばん現場に近いところにいたのだ。銀行経営の厳しさを誰よりよく知っていたはずだ。しかしそれを金融担当大臣が公言できるだろうか。金融担当大臣が「国民の皆さん、日本の銀行は危ないですよ」などと言ったら何が起こるか。日本中で取り付け騒ぎが起きて、金融パニックになってしまうだろう。木村剛《きむらたけし》ショックで株価が暴落したことからもそれは明らかだ。金融担当大臣が金融危機を口にしてよいのは、公的資金注入の決断をしたあとだけなのだ。

実は見当違いの批判のなかで、本当の対立構造が見えなくなっていた。本当の対立は、日銀の速水優《はやみまさる》総裁、竹中平蔵《たけなかへいぞう》経済財政政策担当大臣、塩川正十郎《しおかわまさじゅうろう》財務大臣の３人と柳澤金融担当大臣の間に横たわっていたデフレの責任所在をめぐる対立なのだ。

日銀は２００２年９月18日に銀行保有株の買い取りという奇策を発表し、「自分たちがここまでやったのだから、次は金融庁の番だ」と、金融庁に公的資金注入による不良債権処理を迫った。

柳澤大臣の主張は、「バブル期の過剰融資にともなう不良債権の処理は着実に進んでいる。

しかし、いまデフレにともなって新規発生している不良債権まで金融庁は責任を持てない」というものだった。デフレを起こしているのは日銀のせいなのだから、日銀の責任でデフレを解消すべきだというのだ。私は柳澤大臣の主張は正しかったと思う。デフレを続けるかぎり、地価が下落を続けて、毎年10兆円もの不良債権が発生し続ける。そんな状況で公的資金を注入しても穴のあいたバケツに水を注ぐようなものだ。

だからこそ柳澤大臣は最後まで公的資金の注入に応じなかったのだし、信念を貫いた結果として詰め腹を切らされたのだ。

■インフレターゲットの導入を拒んだ小泉政権

竹中新金融担当大臣への引き継ぎの際に、柳澤氏は終始にこやかだった。「やれるものならやってみろ」。そんな心境が彼の笑顔のなかには垣間見《かいまみ》えていた。ただ、皮肉なことに、新しい金融担当大臣に任命された竹中氏も、経済財政政策担当大臣として小泉内閣に入閣したときの経済に対する基本認識は、柳澤大臣とほぼ一緒だったと思われる。竹中氏が、ずっとインフレターゲットの導入を小泉首相に進言し続けていたからだ。

インフレターゲットというのは、政府や中央銀行が目標とする物価上昇率の目標を定め、中央銀行が、その目標が達成できるように金融緩和や金融引き締めを実行するという政策だ。インフレターゲットは、先進国の中央銀行がごく普通に採用している政策であり、2013年に就任した日銀の黒田《くろだ》東彦《はるひこ》総裁が導入した「異次元の金融緩和」そのものだ。黒田総裁は就任の会見で、「今後2年間で資金供給量を2倍に増やし、2年後の消費者物価上昇率を2%に誘導する」と宣言した。黒田バズーカとも呼ばれるこの政策で、少なくとも物価が継続して下落する「デフレ」の進行は止まった。同時に全国の商業地の地価下落にも歯止めがかかった。大都市の商業地に至っては、地価上昇に転じた。特に大都市の一等地は、バブル期をも上回る地価になったのだ。

つまり、小泉内閣発足直後、小泉首相が竹中大臣のアドバイスを受け入れて、インフレターゲットを導入していたら、地価が底を打ち、不良債権が年々縮小していき、不良債権処理の必要性がそもそもなくなってしまったはずなのだ。ところが、小泉総理は、竹中大臣の進言に一切耳を貸さなかった。もちろん、最大の理由は、米国からの不良債権処理の強い要求を受けていたからだろうが、もうひとつ大きな理由がある。それは、金融庁顧問に招聘《しょうへい》された木村剛氏の存在だ。日本の不良債権処理は、木村氏の存在なくして語れないのだ。

第4章　彗星のように現れたハードランディング論者

日本経済のたたき売りセールに最大の影響力を持ったのは、木村剛という1962年生まれの経営コンサルタントだった。木村氏は、1985年に東大経済学部を卒業し、同年に日本銀行に入行した。営業局、企画局、ニューヨーク事務所、国際局などに勤務した後、1998年に日銀を退職し、米国のコンサルティング会社、KPMGの100%子会社として日本に設立されたKPMGフィナンシャル・サービス・コンサルティングの社長に就任した。その後、木村氏自身がこの会社の経営権を取得している。KPMGフィナンシャル・サービス・コンサルティングの主要ビジネスは、金融コンサルティングで、木村氏の日銀での経験や金融検査マニュアルの作成に携わった経験をもとにコンサル活動を行っていた。1人のコンサルタントにすぎなかった木村氏が、日本の運命を変えることになったのは、一つの会議への出席がきっかけだった。

■大手30社問題のクローズアップ

2001年6月12日、自民党の経済産業部会に木村氏が招かれ、レクチャーを行った。深刻化する不良債権問題に対する木村氏の意見を聞くためだった。その席で木村氏は、「緊急経済対策と不良債権問題」と題した資料を配布した。この資料のなかには「緊急経済対策の死角」という表題がつけられた問題企業29社のリストが含まれていた。企業名はアルファベットで書かれ、具体的な企業名は伏せられていたが、業種は書かれていたため、すぐにどの企業のことか推測はついた。そして、これらの危ない企業を処理すれば、不良債権問題は抜本解決に向かうという神話が、メディアや政府部内に一気に広がっていったのだ。

資料を作成した木村氏は、当時、『週刊文春』の取材に対して、「リストはマーケットが問題視する企業の中で、債務者区分が異なるケースがあることを示すために作成したものです。当時入手可能だったメリルリンチレポート、週刊ダイヤモンド、週刊文春を選び、それらの中で重複しているものと『正常先』を含むものを選択して整理するようスタッフに指示して作成したもので『木村剛が作成した30社リスト』などという仰々しいものでも、『順次破綻《はたん》して行くリスト』でもありません」と答えている（『週刊文春』２００１年10月11日号）。

確かにリスト自体はそういう経緯でできたものだったかもしれない。しかし、それではなぜこのリストが「整理すべき大手30社」のリストであるとして、世間に広まっていったのかと言えば、木村氏がずっと主張してきた「不良債権問題は過剰債務大手30社の問題だ」とする議論があったからだ。木村理論を私なりに整理すると、以下のようになる。

1．インフレターゲットの導入は効果がないし、仮に具体的なインフレターゲットを定めて、無理な量的金融緩和を行うと、高いインフレが日本にもたらされる。いったんインフレに火がつくとそれを抑制するのは容易でなく、ハイパーインフレになってしまう。インフレで利益を得るのは金持ちだけで、一般庶民はインフレほどには賃金が上がらないため、インフレで国民生活が破壊されてしまう。

2. 日本経済が低迷している最大の原因は、不良債権問題である。パイプのなかに不良債権というゴミがつまっていることが、日本経済の効率的な資源配分を妨げている。このゴミを取り除かない限り、日本経済の再生はない。

3. 不良債権の問題は、流通、建設、不動産という特定業種で膨大な過剰債務を抱える大手30社の問題だ。そこで塩漬けになっている資金が、成長産業に回って行かないことが、日本の成長を阻害している。現在、銀行は大手30社にリスクに見合った引当金を積んでいない。不良債権処理の方法で、融資先企業との関係を断ち切る直接償却と引当金を積む間接償却の区分けは意味がない。銀行が、経営実態を適切に表す決算をしていないことが、問題なのだ。

4．銀行が破綻する原因となるのは、大口の融資先が破綻したときで、中小の破綻が重なって破綻することはない。だから不良債権問題の核心である問題企業30社に対して銀行が十分な引当金を積むことができれば、不良債権問題に縛られて低迷してきた日本経済は復活の道を歩むことができるようになる。

木村氏がこのような「問題企業30社の処理をすれば日本経済は復活する」という主張を繰り返してきたことと、木村氏がまとめた過剰債務を抱える大手企業のリストに掲げられた企業数が29社と近かったことから、このリストに掲げられた大手29社が「整理すべき問題企業30社」として世間に広まったのだ。

木村理論は、自民党経済産業部会の内部だけでなく、平沼赳夫《ひらぬまたけお》大臣を含む経済産業省幹部から強い賛同を得たという。私は、2001年6月12日の経済産業部会に出席していた自民党議員から直接話を聞いたのだが、会場に颯爽《さっそう》と登場した木村氏は、まるで日本経済の救世主のようにみえたという。それは、そうかも知れない。木村理論は経済産業省や自民党議員の機微に触れたものだった。経済産業省は何としてでも中小企業を守りたい。木村理論で、大手30社に銀行が引当金を積むだけで日本経済が復活し、中小企業が助かるのであれば、産業政策で苦しい対応を重ねる必要もないし、これまでの厳しい経済状況に陥れてしまった責任を取る必要もなくなる。しかも経済産業省にとって好都合だったのは、木村理論による経済復活が達成されるまでは、大手30社による資金の塩漬けが経済停滞の犯人なのだから、被害を受けている中小企業を救済するための予算も取りやすくなるのだ。

■マスコミを通した巧みなアピール

木村氏は、国民へのアピールも実に巧みに行っていた。私がコメンテーターを務めていた「ニュースステーション」にも木村氏は頻繁に出演するようになった。きっかけは、ディレクターからの取材だった。テレビ局のディレクターは、経済や金融のことをきちんと勉強した経験がない。だから、不良債権処理が大きなニュースになっても、それをどのように番組で取り扱ったらよいのか、わからないのだ。そこで、不良債権処理の専門家とされた木村氏に電話をかけると、懇切丁寧に説明してくれるだけでなく、どのように分析したらよいのか、コーナーをどのような構成にすればよいのか、さらには番組で使うフリップの原案まで用意してくれた。しかし、そこで使われる図表や論理は、初めの部分こそ正しいのだが、巧妙な論点のすり替えが行われ、最後には、大手30社を処理すべきだという木村氏の主張が必要となるように仕組まれていた。司会をしていた久米宏さんも、どんどん木村氏に傾倒していいった。危機感を覚えた私は、スタッフに頼み込んで、番組終了後に久米さんと一緒に食事を取りながら、数時間にわたって、木村理論の危険性を渾身《こんしん》の力で説明した。しかし、私の努力は徒労に終わってしまった。久米さんの木村氏への信頼が揺らぐことはなかったのだ。

結局、「大手30社を処理すれば、日本経済が復活する」というカルト教団の教義のようなおかしな理論が、日本中に広まっていった。

２００１年９月７日に平沼経済産業相と木村氏は官邸に入って、木村プランを首相に開陳した。もともと小泉首相は、「不良債権処理の断行」を掲げていたから、小泉公約と木村プランは整合的であったし、木村氏もまた不良債権処理という「構造改革」を断行できるのは小泉首相だけだとエールを送っていたから、木村プランは小泉首相の心を揺さぶったに違いない。

そして９月18日夜、首相官邸に、木村氏と樋口廣太郎《ひぐちひろたろう》内閣特別顧問、森昭治《もりしようじ》金融庁長官の３人が集まった。不良債権処理に関する勉強会ということだったが、木村氏が自説を繰り返し訴えたのに対して、森長官は猛反発し、議論は数時間続いたと言われる。小泉首相は積極的に発言をせず、黙って議論を聞いていたというが、このとき小泉首相は心のなかで木村氏に軍配を上げていたようだ。

先に触れたように、翌週９月25日、ホワイトハウスを訪問した小泉首相は、ブッシュ大統領の要請を受けて、2〜3年以内の不良債権処理を約束したからだ。

ブッシュ大統領に不良債権処理の約束をした時点で、竹中大臣の提起したインフレターゲット導入は完全に否定され、日本経済を2002年初めから復活させるシナリオは吹き飛んでしまった。それどころか、事もあろうに竹中大臣も木村理論に乗っかって、大手30社の不良債権処理断行を主張し始めてしまったのだ。

■木村プランのもたらしたもの

しかし、この木村理論は、いまから振り返っても、荒唐無稽《むけい》の妄想だった。大手30社への引当金を上積みしても、日本経済の停滞解消に全く役立たないだけでなく、むしろデフレ不況を一層深化させることにつながることは、明らかだったのだ。その理由は以下のとおりだ。

まず、大手30社向けに十分な引当金を積んだら何が起こるだろうか。それによって銀行は、成長産業や中小企業に融資を始めるだろうか。そんなことは絶対にあり得ない。なぜなら、銀行は資金がなくて融資を拡大しなかったのではない。デフレ不況で、焦げ付きのリスクが大きくなっていて、とても貸せる状態ではなかったのだ。問題企業への融資に引当金が積まれていようが積まれていまいが、銀行が、成長産業や中小企業に融資をするかどうかには、ほとんど関係がなかったのだ。

逆に、問題企業への引当金を上積みすることこそ、猛烈な貸し渋りを生み出すことにつながる。なぜなら、当時、銀行は、すでにほとんど株式の含み益をもっていなかったから、引当金を上積みしようとしたら準備金を取り崩すしかない。ところが準備金というのは、１００％カウントの自己資本だ。つまり準備金を取り崩すと、その分だけ自己資本が減ってしまうのだ。自己資本が減少すれば、国際業務を行う銀行は、８％以上の自己資本が必要だとするＢＩＳ（国際決済銀行）の規制を守るために、貸し出しを圧縮せざるを得なくなるのだ。

現実問題としても、問題企業への引当金を大幅に積み増しすれば、資本不足に陥る銀行が続出するのは、当時は確実だった。もちろん、木村氏や既存の御用学者たちも、そのことは十分知っていて、資本不足になるなら、公的資金を投入すればよいという主張をした。公的資金を投入して銀行経営を健全に保ちながら不良債権処理をすればよいと言ったのだが、それも大きな間違いだ。

なぜなら、デフレが続く限り、引当金を積んだだけでは、不良債権問題は解決しないからだ。デフレ下では、融資先企業の売り上げも減って行くし、担保不動産の価値も下がっていくのだから、いくら引当金を積んでも、積んだそばから不良債権の額は再び増えていく。結局、公的資金の投入は無駄になってしまうのだ。

そのことは、数字でも確かめられる。銀行部門全体（信用金庫、信用組合等を含む）でみると、１９９2年度以降、２００1年度までに、総額82兆円もの不良債権処理が行われた。ところが、それだけ膨大な不良債権処理を行っても、不良債権の残高は一向に減らないどころか逆に増えていった。新たな不良債権が次々に発生したからだ。デフレが続くなかでの公的資金の投入は、税金をドブに捨てるようなものなのだ。

また、木村理論の「直接償却と間接償却は同じこと」というのも大きな間違いだ。融資先の法的整理などで融資関係そのものを打ち切る直接償却の場合、償却してしまえば、それ以降不良債権が増える可能性はない。一方、間接償却の場合は、融資関係は残っているから、担保価値が下がって行くと、それまで担保でカバーされていると思っていた分も不良債権になっていき、不良債権の額は増えてしまうのだ。

なぜ「木村理論」というおかしな理論がまかり通ったのか本当に不思議だが、それ以上になぜこんな理論を木村氏や御用学者たちが唱えたのかという点のほうがもっと重要だ。

これは私の推測だが、米国、特に米国のハゲタカ・ファンドの意向が、この大手30社問題には、相当入っているのではないかということだ。

１９９7年の金融危機のあと、日本の銀行が次々に不良債権を売りに出した。それを買ったのは、多くの場合ハゲタカ・ファンドだった。不良債権を極端に安い価格で買って、権利関係をきれいにして、担保不動産を売りさばく。そうしたビジネスモデルで、ハゲタカは大《おお》儲《もう》けができた。都心に豪華オフィスを構えることにも成功したのだ。

ところが小渕恵三《おぶちけいぞう》政権のなりふり構わぬ景気対策によって、銀行が一息ついて、不良債権処理のタマが減ってしまった。なかには豪華オフィスを引き払わなければならないハゲタカも出てきた。だから、彼らは、何としても新たな不良債権の売り物が欲しかったのだ。

それではなぜ大手30社なのか。２００1年9月29日付の日本経済新聞によると、大手30社の抱える債務は24兆円だという。これは民主党の質問に金融庁が回答した２０００年9月期の問題企業への融資総額１５０兆円の6分の1だ。そんな小さなウエイトの不良債権にだけ引当金を積んでも、何の効果もないのは明らかだ。それなのに、あえて30社に固執するのは、30社という対象そのものに意味があると考えるべきだ。

ハゲタカにとって、小規模な不良債権は何のうまみもない。地方の中小企業の債権が売りに出たとしても、彼らにとっては、手数ばかりかかって、ほとんど儲けにはつながらないのだ。

彼らが欲しいのは、大都市にある大規模の商業施設とか賃貸オフィスだとか賃貸マンションだ。木村氏の言う「流通、建設、不動産という特定業種」の大手30社が抱えているのは、まさにそうした物件なのだ。だからハゲタカにとっては、大手30社は、よだれがでるくらい

（単位：億円）

8年度	9年度	10年度	11年度	12年度	13年度
77,634 (62,099)	132,583 (108,188)	136,309 (104,403)	69,441 (53,975)	61,076 (42,898)	97,221 (77,212)
34,473 (25,342)	84,025 (65,522)	81,181 (54,901)	25,313 (13,388)	27,319 (13,706)	51,959 (38,062)
43,158 (36,756)	39,927 (35,005)	47,093 (42,677)	38,646 (36,094)	30,717 (26,500)	39,745 (34,136)
9,730 (8,495)	8,506 (7,912)	23,772 (22,549)	18,807 (17,335)	25,202 (22,014)	32,042 (27,183)
11,330 (9,710)	10,434 (9,206)	3,590 (3,385)	2,783 (2,718)	1,630 (1,560)	1,383 (1,280)
22,098 (18,551)	20,987 (17,887)	19,731 (16,743)	17,056 (16,041)	3,886 (2,926)	6,320 (5,673)
3 (1)	8,631 (7,661)	8,035 (6,825)	5,482 (4,493)	3,040 (2,691)	5,517 (5,013)
318,768 (280,210)	451,351 (388,398)	587,660 (492,801)	657,101 (546,776)	718,177 (589,674)	815,398 (666,886)
156,180 (144,877)	196,107 (179,882)	243,200 (222,559)	281,846 (258,653)	312,563 (285,153)	352,308 (319,289)
217,890 (164,406)	297,580 (219,780)	296,270 (202,500)	303,660 (197,720)	325,150 (192,810)	420,280 (276,260)
123,340 (93,880)	178,150 (136,010)	147,970 (92,580)	122,300 (76,780)	115,550 (69,390)	133,530 (86,570)

5）リスク管理債権の金額については、7～8年度は破綻先債権、延滞債権、金利減免等債権の合計額であり、6年度以前は破綻先債権、延滞債権の合計額としている。
6）バルクセールによる売却損等は、バルクセールによる売却損、子会社等に対する支援損等。
7）不良債権処分損の「その他」は債権売却損失引当金（CCPCに売却した債権の将来見込まれる損失への引当金）、特定債務者支援引当金（子会社等へ支援を予定している場合における当該支援損への引当金への繰入額）等を表す。
8）13年度の不良債権処分損は東海銀行を含む。

出典：金融庁ホームページより

図表5　全国銀行の不良債権処分損の推移

	4年度	5年度	6年度	7年度
不良債権処分損	16,398	38,722	52,322	133,692 (110,669)
貸倒引当金繰入額	9,449	11,461	14,021	70,873 (55,758)
直接償却等	4,235	20,900	28,085	59,802 (54,901)
貸出金償却	2,044	2,354	7,060	17,213 (15,676)
共同債権買取機構への売却損	2,191	18,546	21,025	25,261 (21,316)
バルクセールによる売却損等	0	0	0	17,328 (17,909)
その他	2,714	6,361	10,216	3,017 (10)
4年度以降の累計	16,398	55,120	107,442	241,134 (218,111)
直接償却等の累計	4,235	25,135	53,220	113,022 (108,121)
リスク管理債権残高	127,746	135,759	125,462	285,043 (218,682)
貸倒引当金残高	36,983	45,468	55,364	132,930 (103,450)

注）1）12年度の預金取扱金融機関全体の不良債権処理状況については、貸倒引当金繰入額3兆3160億円、直接償却等3兆3946億円、不良債権処分損計7兆221億円。
2）6年度以前は、都銀、長信銀、信託のみの計数。なお、7年度以降の（　）内の計数は都銀、長信銀、信託のみの計数。
3）9年度以降は、北海道拓殖、徳陽シティ、京都共栄、なにわ、福徳、みどりの各行を含まず、10年度以降には、国民、幸福、東京相和の各行を含まず、11年度以降には、なみはや、新潟中央を含まず、13年度には石川、中部を含まない。なお、日本長期信用銀行（現新生銀行）は10年度に含まれず、日本債券信用銀行（現あおぞら銀行）は、10、11年度に含まれない。
4）貸倒引当金は、個別貸倒引当金の他、一般貸倒引当金等を含む。

魅力的な「獲物」なのだ。ハゲタカが「30社の保有する不動産と事業が欲しい」と英語で言っているのを日本語に翻訳すると「大手30社の不良債権処理を優先することが、日本経済の復活の道だ」という言葉になるのだ。

9・11同時多発テロで米国経済が減速してしまい、欧州も不況に突入したため、米国のリスクマネーは行き場を失っていた。リスクマネーは下落トレンドにある市場に滞留すると、どんどんしぼんでいってしまうから、彼らは1日でも早く行き場を決めなければならない。そのなかで、日本の不良債権市場は最も高利回りが期待できる市場であり、リスクマネーの行き場を作るためにも、大型の不良債権が売りにでなければならなかったのだ。2001年9月25日の日米首脳会談でテロ対策を話しているときに、ブッシュ大統領が持ち出した「不良債権の早期処理を」という要求は、「米国のために早く資金の行き場を作ってほしい」という要求だったのだ。

■デフレが続く限り、不良債権問題は解決しない

しかし、それではなぜ大手30社に引当金を積めという話になるのだろうか。引当金を積んだだけでは、不良債権が売りにでないから、ハゲタカの餌食《えじき》にはならない。

だからこそ、御用学者たちは、インフレターゲットの導入に反対し、デフレを継続させようとしたのだろう。デフレが続く限り、いくら公的資金を積んでも、大手30社の不良債権問題は解決しない。むしろ不良債権の額は増えていく。そうなるのがわかっていて、次に御用学者たちは、こう言い出すのだ。

「やはり不良債権問題の解決のためには、直接償却しかあり得ない。不良債権を整理回収機構に移して、最終処理をすべきだ」

それを受けてハゲタカはこう言うだろう。「整理回収機構に移したら、２次損失が発生する可能性がありますよ。それより、我々に任せてください。立派に事業を再生してみせます」。そう言って、事業を引き受けた彼らは、売れる資産はどんどん売り、徹底的なリストラを行って収益が出せる体質にし、そして取得した株式を高く売り抜けるのだ。

もちろん彼らがそれをやるのは、おいしい獲物の場合だけだ。権利関係が複雑な案件の場合は、一旦《いったん》見送って、事態の推移を見守る戦略を採る。なぜなら、１９９８年に大量の不良債権が売りにでたとき、ハゲタカは莫大《ばくだい》な利益をあげたのだが、同時に大きな苦労も味わったからだ。ハゲタカが債権や経営権を握って、資産売却のため、担保不動産の権利関係をきれいにしようと出掛けてみると、そこには日本独特の反社会的勢力がいた。結局、権利関係の調整がうまくいかなくて、損をするケースも出てきた。いわゆる「ハゲタカの食あたり」

だ。だから、彼らは急ぐ必要はないのだ。面倒な物件は、整理回収機構で公権力を使ってきれいにしてもらえばよい。きれいになった後で買えばよいのだ。

小泉首相が不良債権処理の国際公約をしてしまった以上、大手30社への引き当てを増やさざるを得ない。日本は木村理論の導く方向に向けて走りだしてしまった。結局、その後の日本は、流通、建設、不動産、ノンバンクの問題企業30社が、ひとつ、またひとつと経営破綻を続けていくことになっていった。

しかし、これは本当におかしな話だ。問題企業と呼ばれる企業は、デフレさえ止めれば、本業で立派に収益があげられる企業がほとんどだった。実際、名前のあがった大手30社のうち、営業赤字かつ経常赤字の企業はたった3社しかなかったのだ。彼らが苦しんでいたのは、膨大な保有不動産のせいで、行きすぎた資産デフレによる評価損を出し続けていたからだ。考えてみれば、建設、不動産、ノンバンクは1990年4月の総量規制の対象産業だ。つまり彼らは大蔵省（現財務省）の被害者でもあったのだ。

■木村氏との対決

彼らが狙い撃ちにされたということと、彼らがハゲタカにとってよだれの出るくらい魅力的な不動産を持っているということは、絶対に偶然の一致ではない。そこで当時の私は、新聞や雑誌やテレビ、ラジオなど、私が関わっていたあらゆるチャンネルを使って、木村理論の危険性を訴え続けた。

　すると、木村氏は2003年3月号の雑誌『論座』に私を批判する論文を掲載した。「見当違いの陰謀史観にはあきれるばかり　森永卓郎さん、政策を語りなさい　徹底反論　実現可能性を欠くインフレターゲッティング論はその場凌《しの》ぎの『経済評論』にすぎない」と題された論文だった。

　その後、安倍政権が採用したインフレターゲットが劇的な効果を発揮したことからも、木村氏のインフレターゲット批判が見当違いだったことは、すでに実証されているのだが、それは置いておくとして、問題は不良債権処理の部分だ。

　この論文のなかで、木村氏はこう書いている。「私は、『大口貸出先区分』を新設して、対象先を明示しない中で、十分な引当金を積み上げながら、銀行サイドからコントロールしつつ不良債権処理を進めるというスタンスを当初より貫いている」。

　銀行が、融資が焦げ付いたときの準備のために積む引当金には、一般引当金と個別引当金の2種類がある。一般引当金は、企業を特定せず融資全体に対して積む。一方、個別引当金は、融資先ごとに積む。木村氏は、自分が要求しているのは、銀行に一般引当金を積めと一貫して言っているのだから、「木村氏は問題企業をハゲタカの餌食に差し出す手先だ」という私の批判は当たらないというのだ。

しかし、2001年11月に木村氏が出版した著書、『キャピタル・フライト 円が日本を見棄てる』では、「大口貸出先に対しては個別管理をさせ、不良債権の程度に応じて各銀行に個別引き当てを十分に積むことを強制する。特に大手30社」と書いている。はっきりと個別引当金を積めと書いているのだ。

また、金融検査マニュアルには、「個別貸倒引当金及び直接償却については、破綻懸念先、実質破綻先及び破綻先に対する債権について、原則として個別債務者毎に予想損失額を算定し、予想損失額に相当する額を貸倒引当金として計上するか又は直接償却を行う」と書いてある。つまり、破綻懸念先以下に債権を分類しないかぎり個別引当金は積めないということなのだ。

結局、木村理論がやろうとしていたことは、銀行に多額の引当金を積ませて追い詰めることで、抱え込んだ問題企業を吐き出させ、ハゲタカに売り渡すことだったのだろう。そして、それは後述するように、最終的に実現することになっていく。

ちなみに、『論座』の木村論文に対して、私は木村氏と直接対決をさせてほしいと『論座』の編集部に申し入れた。しかし、それだと延々と論争が続くことになってしまうという編集部の判断で、翌月号にインタビュー形式で、私の主張が載せられた。以下にそれを再掲する。

「ハゲタカ」論争　インフレターゲットは思いつきではない

再反論　目標・期限・責任を明示する以外にデフレ脱却の道はない

先月号に掲載された木村剛氏の「見当違いの陰謀史観にはあきれるばかり　森永卓郎さん、政策を語りなさい　徹底反論　実現可能性を欠くインフレターゲッティング論はその場凌ぎの『経済評論』にすぎない」に、森永卓郎氏が返答する。

――木村氏は「ハゲタカ・ファンドの手先ではない」と言っています。

森永　それは可能性の一つに過ぎません。彼が誰のために今のような主張をしているのかを明らかにするためには、本人に確認しなければならないことがたくさんあります。私はこれまで何回も直接討論を申し入れていますが、今回も含めて彼は一貫して拒否しています。ただ、彼がハゲタカの手先かどうかは本質的な問題ではありません。まず、彼の言った「大手30社問題」が結果としてハゲタカが日本を買い占めるための理論的支柱を与えている、そのことが問題なんです。

――ハゲタカに買われるのはいけないことなんですか。

森永　株式も不動産も、本来の経済メカニズムで決まる価格よりもはるかに低い価格が付いている。そういう状況のなかで買われれば、その後、経済が正常な状態に戻るなかで資産価格が大幅に上昇し、ハゲタカはそこで売り抜ける。そのパターンで、外資が国富をかすめとる結果になるのです。

デフレを止めてから不良債権処理をするのと、不良債権処理をしてからデフレを止めるのでは、その後の世の中が決定的に変わってしまう。木村氏の言うようなやり方で不良債権処理をすると、結局、外資に全部安い値段で食われてしまう。

本当に淘汰《とうた》すべき企業とは、正常な経済の下で生き残っていけない企業です。いまは不動産をたくさん持っていて、借金を抱えている企業が淘汰される。赤字でも何でもない企業を生贄《いけにえ》として出せというのは、日本の国益に沿わない。まずやるべきことは、経済を正常な状態に戻すことです。

例えば雑誌『選択』に出た「大手29社リスト」というのがあります。そこに出ている企業の2000年度決算は9割が営業黒字かつ経常黒字なんです。

――あれは木村氏が出したものではないでしょう。

森永　木村氏が自民党の経済産業部会に出した資料ですよ。「あれは30社リストではない」と彼は主張していますが、大手30社問題のレクチャーをしたときにこの29社リストを資料として配ったのですから、そうとられても仕方がないでしょう。実際、これが「木村30社リスト」としてマスコミも自民党も政府も動いています。それは「大手30社問題」を考えるときに極めて重要なことです。『論座』に彼は「私は、『大口貸出先区分』を新設して、対象先を明示しない中で、十分な引当金を積み上げながら、銀行サイドからコントロールしつつ不良債権処理を進めるというスタンスを当初より貫いている」と書いている。けれど、彼が最近出した『キャピタル・フライト　円が日本を見棄てる』では、「大口貸出先に対しては個別管理をさせ、不良債権の程度に応じて各銀行に個別引き当てを十分に積むことを強制する。特に大手30社」（１４７頁）と書いている。こちらでは「個別引き当てを積め」と言っているんです。

――そこは、引き当てに関しては個別にやるべきだけれども、個別企業をつぶすかどうかといった対応策を公然と議論する必要はない、という論旨のはずです。

森永　それがまやかしなんです。金融検査マニュアルには「個別貸倒引当金および直接償却については破綻懸念先、実質破綻先、および破綻先に対する債権について、原則として個別債務者ごとに予想損失額を算定し、予想損失額に相当する額を貸倒引当金として計上するか、または直接償却を行う」と書いてある。つまり、いまのルールでは破綻懸念先以下に債権を分類しないかぎり個別引当金は積めない。したがって個別引当金を積んだ途端、もう銀行は追い貸しをできなくなる。背任行為になるからです。

ところが、デフレが続くかぎり、追い貸しが必要な場面はでてくる。しかも、インフレターゲットが導入されて景気が回復しても、大手30社は多額の借金を抱えていますから、一時的に利払いが増える。そのときに追い貸ししなかったら資金が回らなくなる。しかも、破綻懸念先に分類したら、それを推定して、「あそこは破綻懸念先になったぞ」と風評を流して破綻に追い込もうとする投機筋がでてくる。だから、いまのデフレ状況では、個別引き当ては、「つぶせ」と言っているのとほぼ同義なんですよ。

——木村氏は破綻懸念先じゃないと積めないのは間違いだ、金融検査マニュアルは場合によっては変えるべきだと主張してきました。私が『中央公論』3月号で書いた金融庁の森長官とのやりとりのなかに出てきます。

森永　それが彼のいつもの手口なんです。言い訳をきちんと作っておいて、普段は違うことを言う。彼はあちこちで「大口貸出先にして十分な引当金を積むのは世界の常識だ」と言っている。それでは一体、どこの国が基準を変えて「大手30社」にだけ引当金を余分に積んでいるのか。もし破綻懸念先であるにもかかわらず、規模だけで分類して中小企業は引当てを積まなくてよいのだったら、それこそ商法違反ですよ。大手だから、中小だからという基準で分けるのはルール違反なんです。そもそも「大手30社」問題がマスコミでブームになったのは、マスコミに「大手30社」をつぶすべきだと思っている人たちがたくさんいるわけですよ。それを代弁する人がなかなかいなかったから注目を集めたわけで、要注意先の引当率を引き上げろという主張だったらマスコミはそもそも飛びつかなかったはずです。

――しかし、木村氏の発言に対しての反論でないと仕方がない。

森永　いや、だからマッチポンプだと言っているんです。彼のやっていることはカルト教団の手法とよく似ているんです。「あなた死相がでてますよ」と言って不安を与え、その後のマインドコントロールに持っていく。例えば、市場は銀行の決算に不信を持っている。銀行の株価が下がるのは、銀行が適正な引き当てをしていないことを市場が疑っているからだと言うんですね。その市場の過半を動かしているのは、実は外資なのですが、外資は証拠のない「不信」をもとにカラ売りをかけてくる。それではなぜ市場は銀行の財務内容に不信を持ったのか。実は、その原点をつくった一人は木村氏自身なんです。「ｊｕｓｔｉｃｅ」という彼自身が書いているホームページで、「銀行は不良債権に対して十分な引当金を積まずに含み損を抱えている。その不良先は正しい財務諸表を開示していない」と断言している。銀行も貸し先も粉飾決算をしていると主張しているわけです。何を根拠にこんなことを言っているのでしょうか。粉飾をしている企業は具体的にどこで、それを見逃している銀行は一体どこなのでしょうか。もしもこれが真実であれば、真っ先に粉飾決算という犯罪を追及しなければならない。しかし、実際には粉飾はほとんど行われていないと思います。大手企業や銀行はいま、20年も30年も手塩にかけて育ててきた子会社や海外資産を、断腸の思いで売っ払っている。なぜそんなことをするかといえば、粉飾ができないからですよ。粉飾してよければ、わざわざ虎の子を売るはずがない。

――しかし、１９９４年からメーンバンクが債務超過認定をしていて、それが表面化していなかった「そごう」のような例もあります。

森永　そごう、長銀、日債銀は犯罪なんです。それと一般企業を混同してはいけない。これは多くの人がわかっていないみたいなんですけど、企業を破綻処理すると、損がでるんです。例えば個人タクシーの事業者が、ベンツのタクシーを持っていたとしましょう。ベンツを買うために1000万円借金している。営業していれば利益を出して返していけるわけです。ところが、ある日突然、「おまえは借金が多いからいますぐ返せ」と言われたら、ベンツを叩《たた》き売らなきゃいけない。しかし、買ったときは1000万円でも、売るときには100万円とかでしか売れないから、あっという間に債務超過になってしまう。それがまさにハゲタカの狙い目なんです。「蓋《ふた》開けてみたら債務超過だった」というのは、粉飾をしていたことの直接の証明にはならない。帳簿をごまかしていたかどうかが問題なんです。

——継続企業とそうでない企業の価値が違うのはわかりますが、犯罪はもう出てこないんですか。

森永　いや、完全に終わったとは思わないですけど、大部分は粉飾なんかしていない。金融庁は「違反はない」といっている。それに企業のことを一番よくわかるのは銀行なんです。銀行だって自分たちの資産を増やすためにどうしたらいいかを一番真剣に考えているわけですから。

木村さんはごく一部のことを拡大して不安を煽《あお》っているんです。それがハゲタカを利することになる。というのは、小泉政権がデフレ退治策を採ってくるのはほぼ間違いない情勢になってきました。米国も日本を殺したら困る。外資は日本の株式を1990年度末には4・7%しか持っていなかったが、2000年度には18・8%も持っている。ここまで買い占めて日本を殺したら元も子もないじゃないですか。必ず景気を切り替えに来る。だからその前にハゲタカは買い占めを終わらせたい。そうされないためには、先にまともな経済に戻したほうがいい。企業の淘汰を行うのは、そのあとでいいんです。

銀行にしても、まともな経済に戻るときに資本不足になるところがでてくる。貸し渋りした金を国債にして持っているわけですから、デフレが解消されて金利が上がると、国債価格が下がるので、評価損がでる。そのときに資本不足になるなら公的資金を注入すればよい。このときの公的資金は一回だけで済む。1998年、1999年の公的資金投入とは性格が全く違うわけです。デフレのなかで入れると、毎年何兆円も永久に入れ続けなければいけないんです。

話は戻りますが、木村氏が言うように対象先を特定しないで大口貸出先区分で積めというんだったら、現行ルールのままで、一般貸倒引当金を積めばいいんです。不良債権処理の原資がなくなってきたから犯罪をする可能性があるというのであれば、一般貸倒引当金を十分に積んでやればいい。そうしたら自己資本比率も上がるし、一般引当金を積んでおけば、どの融資先が破綻しても使えるんだから、それで十分なはずです。

「大手30社」をつぶして中小に波及しないはずがないし、もともと問題企業への融資と言われているのが１５０兆円あるのに、そのうち大手30社分の24兆円を処理したって6分の1なわけですよ。不良債権問題の解決にはならない。

――その点、木村氏は森永さんも１５０兆全体の処理について言及してほしいという趣旨のことを書いていますね。

森永　だから、それがインフレターゲットなんです。木村氏は、「『諸制度の束』に詳しくない人々が思い付いた『三種の神器』の亜種にすぎない」と書いているけれど、インフレターゲットが思いつきの妄想なんていうことは絶対にない。少なくともニュージーランドが導入して以来、多くの先進国が入れているし、米国、ドイツでさえ、インフレターゲットを暗黙的に採っていると主張をする学者もいる。日本でも一橋大の伊藤《いとう》隆敏《たかとし》教授や財務省の財務総合政策研究所の原田《はらだ》泰《ゆたか》次長、上智大の岩田《いわた》規久男《きくお》教授、専修大の野口《のぐち》旭《あさひ》教授も言っている。２００１年3月19日に日銀自身が「日銀としてもインフレーションターゲッティングについては、引き続き検討事項として位置づけています」と書いている。これは日銀も政策手段の一つとして考えているということです。

――たしかに一つの選択肢ではあり得る。だからそれは損か得かを考えなければいけない。

森永　私がもしインフレターゲットをやるなら、定量的に目標を示して、期限を切って、しかも失敗したときの責任の取り方を明確にする。この三つを同時にやらなきゃいけない。

カルロス・ゴーンは「日産リバイバル・プラン」を発表したときに、「初年度・黒字、三年後・有利子負債半減、三年後・利益率四・五%。この時期と目標を一つでも達成できなかったら私は辞任します」と言った。それまで日産は再建計画でわけのわからないことをいっぱい言ってきたけど、ゴーンがそこまで言うのなら本当だろうとみんな信じた。

それと同じことをやればいいんです。例えば「年末までに生鮮食料品を除く消費者物価上昇率を1%から3%の範囲内に収めます（本当は資産価格指数も同時に設定したほうがいいけど、話をわかりやすくします）。もしこの期限に目標が達成できなかった場合は内閣総辞職し、日銀総裁、日銀の局長以上を全部クビにする」と宣言すればいい。

――そんな厳しいインフレターゲットをやっている国が他にありますか。

森永　ないです。でも、そこまでやらなければならなくなったのは、ここまでデフレが深化してしまったからです。木村氏はこれまで「いまのデフレは大したことはない、インフレのほうがはるかに恐い」と主張し続けてきましたから、日本経済をデフレスパイラルに陥れたという意味でも責任があるんです。いまのデフレから脱却するためには、国民のデフレ期待を変えられるリーダーシップが強い人、つまり小泉さんが断固たる決意を示さなければならない。彼に残された最大の仕事はそれなんですよ。この10年間続けてきたデフレでいかに日本がだめになったかを考えたら、それくらい重い責任を明示してデフレ対策をやるべきです。構造改革は大体道筋ついてきたから、あとはこれをやれば救国の宰相になれる。

――そういう枠を設定すれば、その場で期待が変わり、期待インフレ率が変化するわけですか。

森永　木村氏もインフレを起こすことができるということは認めているんですから、期待を変えることは当然できるんです。実際の物価が上がり始めているのに、デフレ期待を持つ国民はいないでしょう。もちろん期待インフレ率は実際のインフレ率よりも先行して変わります。ただし、インフレターゲットの宣言は首相が日銀総裁と一緒にやらなければならないんですよ。裏で日銀総裁が「あんなの効果ないよ」と言ったらおしまいです。「全面協力します」と言わなければならない。博打《ばくち》で掛け金の張り合いをやったときには、絶対に胴元が勝つんです。チップの無限供給能力持っているから。いくらハゲタカがたかろうと、日銀は勝つ。輪転機回しただけお札を刷れるんだから。恐らく資金を100兆も出さない間に期待を変えることは可能だと思いますよ。

——資金供給もやるわけですね。

森永　紙幣を刷るぞと宣言するんです。それをやらなかったら、「口先だけじゃないか」と言われるから、効果が出るまで資金供給を増やしていく。その時の手段としていちばんいいのは、長期国債の買い切りオペだと思います。

——資金供給のルートについては、インフレターゲット論者の中でもいろいろ議論がありますよね。

森永　確かに金融政策派のなかでも、具体的な手段は微妙に違っていますね。外債を買おうという人もいる。だけど、そこは技術上の問題で、結果として資金供給を増やしていくというのは変わらない。私が、買いオペのメーンを長期国債にすべきだと思うのは、国債価格の暴落を防ぐという意味もある。

――しかし、手法が変われば効果の度合いも副作用の程度も変わる。例えば円安をやれば近隣諸国がどうなるか、国債買い切りをどこまでやれば効果がでるのか。実物資産を買ったときに偏った資産インフレにならないのか……。

森永　資産は本来の価格よりも低くなっているから、デフレ期待がなくなれば当然上がります。物価上昇率も5、6%ぐらいになるでしょう。つまり一時的に目標を突破するのは避けられないと思っているんです。だから突き抜けた段階で金融を引き締めるんですよ。引き締めはこの50年間でさんざんやってきたから日銀に技術の蓄積がある。よく反対派の人たちは、日銀が引き締めをしようと思っても、政府の介入があってできないからハイパーインフレになると言うんだけれど、日銀は2000年8月11日のゼロ金利解除のときに、政府が議案採決の延期動議を出したのに振り払い、金融緩和すべき時期に金融引締をするという逆噴射をやった。それぐらい強力な独立性をもっているんだから、金融を引き締めなければいけないときにできないはずはない。

――それはむずかしいんじゃないかなあ。木村氏の原稿に、中央銀行の役割として「パーティーの最中にパンチボールを取り上げる」という比喩《ひゆ》が出てきます。それは中央銀行の歴史的経験からみて常識に近いと思う。だからこそインフレターゲッティングが考案されたわけでしょう。

森永　そうです。だからインフレターゲットには上限が必要なんです。事前に「物価がこの水準を超えたら引き締めるぞ」と宣言しておかなければならないんです。当然、金融政策の手段の独立性は日銀が持っていないといけない。具体的には、売りオペレーションで資金供給を減らす。そこで売るためにも市場性の高い長期国債を予《あらかじ》め買いオペして、資金を供給しておくんです。

――それで期待インフレ率は上昇が止まりますか。

森永　止まりますよ。だって、いま日本がデフレスパイラルに陥ったのは日銀が資金を絞ったからです。バブル崩壊後の不況が必要以上にひどくなったのも、1999年からの景気回復の芽が摘み取られたのも、みな日銀が資金を絞ったからなんです。

――しかし、森永さんがおっしゃるような過激なやり方で一度人為的に上げたものを下げた経験はないわけですよね。

森永　石油ショックのときだって物価は過激に上がったけど、所得政策でも何でもやって引きずり下ろしたわけでしょう。ニュージーランドだって10%以上のインフレをインフレターゲット導入で２％前後に引き下げたんです。今回はそこまで行かないですよ。

――インフレターゲッティング導入を主張する人でも、副作用を指摘したうえで、多少のインフレのほうが、デフレスパイラルに比べれば「よりまし」という言い方をする人もいますよね。それに比べると森永さんの言い方は楽観的に聞こえませんか。例えば、インフレ率が10％になったら、弱者は困るんじゃないの。

森永　いや、助かるんです。経済学には「フィリップス・カーブ」という法則があって、古今東西どの時代でも成り立っているんですけど、物価上昇率と失業率は反比例するんですよ。だから物価上昇率が10％になったら日本の場合失業率は２％ぐらいまで下がる。もちろん、物価が上がり始めたときは実質賃金の平均は下がるでしょう。でも、市場にさらされている労働者の実質賃金は下がらないか、むしろ上がる。労働市場が逼迫《ひっぱく》して、経済が拡大していくんですから。実質賃金が下がるのは規制や既得権の上にあぐらをかいている人たちだけです。

――例えば先ほど挙げられた伊藤教授らは、「不良債権の処理とインフレターゲッティングを中心とする金融緩和はセットでやれ」と主張されていますよね。

森永　私はインフレターゲット導入を先行させるべきだと思っています。インフレターゲットの導入で資産価格が本来の水準に戻っていけば、不良債権は自動的に解消していきますし、不良債権処理を先行させたら、日銀が裏切ってデフレ阻止をしない可能性もある。

——信用できない日銀にインフレターゲットやらせても、うまくいかないような気がする。

森永　だから日銀法改正でも何でもして、まず速水総裁にはやめてもらう。どれだけの人たちがこの不況のなかで職を失い、命を絶ってきたか。ここまで日本をデフレで苦しめた責任を考えれば当然だと思います。もし世界中の中央銀行が実現しているゆるやかなインフレ経済への誘導ができないというのなら、日銀を特殊法人改革で廃止して、海外から人材を持ってくればよいと思います。

■日本振興銀行という妄想

いまから振り返れば、木村理論は、インフレターゲットの否定にしろ、ハードランディングの不良債権処理にしろ、完全に誤った政策であり、日本がハゲタカに支配され、日本経済が転落していく最大の原因になったものだ。

しかし、政治家も、官僚も、そして多くの国民が、木村理論を熱狂的に支持したし、いまだに木村理論の信奉者は多い。その理由は、木村氏が「大手銀行悪者論」を展開していたからだ。大手銀行の行員は、世間をはるかに上回る高給を得ていた上に、「晴れた日にだけ傘を貸す」と揶揄《やゆ》されるほど、横柄な態度で融資先に対峙《たいじ》しており、国民から強い反感を買っていた。銀行の態度に対する不満を募らせていた国民は、「大手銀行は不良債権を隠している」、「ゾンビ企業に追い貸しをして生き長らえさせている」といった木村氏の大手銀行批判は痛快で、大きな共感を得ることになったのだ。

木村氏の主張のなかでも、最も強い共感を得た大手銀行批判は、次のようなものだった。大手銀行は不動産担保融資を繰り返している。しかし、それでは新興企業が育っていかない。銀行が本来採るべき戦略は、企業の成長性を審査で見極め、たとえ担保や保証人が無くても、その未来の可能性にかけて融資をすることだ。そうすれば、いまの不良債権問題のようなことはなくなる。だから、いまこそ、「ミドルリスク・ミドルリターン」を追求する新しいタイプの銀行が必要なのだ。それは、本当にもっともらしい理論だった。

木村氏は、後述するように、2002年に竹中平蔵大臣が金融担当大臣を兼務した直後に、金融庁の顧問となり、大手銀行の不良債権比率半減を掲げた「金融再生プログラム」の策定に中心的な役割を果たした。木村氏の一貫した主張は、「大手銀行は不良債権を隠している可能性が高く、貸出資産の厳格な査定を行って、不良債権処理を進めさせるべき」というものだった。日本振興銀行は、そんな木村氏の大手銀行批判をきっかけに生まれた。問題企業への融資で資金を塩漬けにし、中小企業への貸しはがしを行う大手銀行に代わって、中小企業への無担保無保証融資を適切な金利で行う「ミドルリスク・ミドルリターン」の市場を開拓するというのが、木村氏の構想だった。木村理論の理想を現実にするための銀行が日本振興銀行だったのだ。

木村氏の「理想」は思いのほか、早く実現した。２００３年8月20日に木村氏はノンバンク社長の落合伸治《おちあいしんじ》氏とともに日本振興銀行の構想を発表、同日、金融庁に予備免許を申請した。そして、翌２００４年4月13日に銀行業の免許が与えられた。８カ月足らずという異例のスピード認可だった。

しかし、この認可には重大な問題があった。創業メンバーの落合伸治氏が、経営するノンバンクのオレガを通じて、ＫＦｉ（ＫＰＭＧフィナンシャルから社名変更した木村氏の会社）に銀行免許取得のための助言を依頼し、その費用として1億円を支払ったという事実だ。当時、木村氏は金融庁の顧問をしていたのだから、銀行に免許を与える側の人間だ。落合氏も木村氏の金融庁に対する影響力を信じて1億円を支払ったのだから、一歩間違えば、木村氏が収賄に問われかねない状況の下で、スピード認可は行われたのだ。

■木村会長逮捕と経営破綻

設立後の日本振興銀行は、年利２％といった超高利の定期預金を募集することによって、急速に業容を拡大していった。しかし、２００５年３月期の決算で１１９億円となった融資残高のなかに、政府関連、大口融資、木村氏の身内企業向けの融資が、総融資の半分以上含まれていた。それらを除くと、２００４年末から２００５年３月末にかけて、振興銀行の中小企業向け融資はほとんど増えていないと『週刊東洋経済』は報じている。

つまり日本振興銀行が掲げた「中小企業に無担保・無保証でミドルリスクマネーを供給する」という設立の理念は、たった1年で行き詰まったことになる。それでも、稼げるところで稼ぐという方針に転換した日本振興銀行は、業容の拡大を続けたが、２０１０年3月期の決算で、最終損益が前期の13億円の黒字から51億円の赤字に転落した。その責任を取って、木村会長兼代表執行役が辞任した。赤字転落の理由は、金融庁の検査で融資に対する引き当て不足を指摘され、１００億円あまりの引当金を積み増ししたためだと言われている。木村氏は、「大手銀行は不良債権を隠しているから、不良債権処理を加速化するのは当然だ」と主張し、大手銀行に大規模な引当金を積ませることで、赤字転落させた。皮肉なことに、それと同じことが、日本振興銀行で起きたのだ。

しかも、事件は、これでは終わらなかった。2010年7月14日、辞任した木村前会長ら5人の日本振興銀行幹部が逮捕されたのだ。その後、明らかになった日本振興銀行の経営実態は、ひどいものだった。出資法の定める上限金利である29・2%をはるかに上回る45・7%で実質融資をしていたり、「中小企業振興ネットワーク」という日本振興銀行の融資先で作られた任意団体を使って不良債権の飛ばしを行っていたり、およそ銀行の体をなさないほどの乱脈経営だったのだ。

結局、日本振興銀行は自力再建を断念し、2010年9月10日、金融庁に破綻申請をした。その結果、明らかにされた2010年6月末の債務超過額は1870億円、自己資本比率はマイナス44・43%に達していた。2010年3月の決算では株主資本が270億円あり、自己資本比率は7・76%とされていたから、とんでもない粉飾決算が行われていたことになる。木村氏が批判していた不良債権隠しを、自ら、それも、とてつもない規模で行っていたことになるのだ。

日本振興銀行の経営破綻に伴い、日本で初めてペイオフが適用されることになった。1000万円を超える元本の預金は、一部がカットされることになったのだ。ただ、ペイオフの対象になる1000万円を超える預金は、全預金者の2・7%に当たる3423人が持ち、預金残高5820億円のうち110億円に過ぎないことが明らかになった。つまり預金者の自己責任で穴埋めされるのは、１１０億円分の預金だけで、ペイオフ対象とならない５７１０億円分の預金は、預金保険を使って全額保護される。カット率を75％と仮定すれば、預金保険機構の負担は４２８０億円にのぼる可能性があったのだ。

実際には、その後の預金保険機構による債権回収等の努力により、最終弁済率が61％（カット率は39％）となり、ペイオフ対象の預金についても、元々の金額の61％が預金者のもとに戻ることになった。ただ、それでも、預金保険機構の負担は、最終的に１０００億円以上にのぼった。この負担に直接税金が投入されたわけではない。しかし、預金保険機構が支払うお金の原資は、預金にかかっている預金保険料だ。つまり、我々の受け取る利息がその分だけ目減りしているのだから、実質的には国民負担と同じだ。

しかも、もうひとつの問題は、元本１０００万円を超える預金者が２・７％しかいなかったという事実だ。それは、日本振興銀行が２％もの高利の預金金利を提示しながら、「１０００万円までなら全額保護されます」とＰＲして、１０００万円以下の預金を積極的に集めたことの結果だ。極端に言えば、マネーゲームのツケを預金保険機構に回すことを予め意図していたとも言えるのだ。

１９９５年にいわゆる住専問題で、不良債権処理のために６８５０億円の公的資金を投入することを政府が決めたが、野党がそれに猛反発し、その年の国会は大荒れとなった。ところが、「ミドルリスク・ミドルリターン」という木村氏の個人的妄想のために、1000億円以上の国民負担が生じたというのに、国民がほとんど関心を持たないのは、一体なぜなのだろう。

日本振興銀行の破綻原因は、「10~15%という高い金利でも資金を欲しがる中小企業はたくさんいるから、十分な審査を行えばミドルリスク・ミドルリターンの融資を行う銀行業務は可能だ」という事業コンセプトそのものが間違っていたということだ。ゼロとは言わないが、2桁《けた》の金利で事業資金を借りて、事業が回る中小企業はほとんど存在しなかったのだ。

2011年8月26日、自見庄三郎《じみしょうざぶろう》金融担当大臣に、日本振興銀行に対する行政対応等検証委員会が、日本振興銀行に対する銀行業の免許付与が正しかったのかを検証した検証報告書を提出した。報告書は、日本振興銀行に対する銀行免許は、「妥当性を欠く不当な」免許であり、金融庁は免許を付与すべきでなかったとしている。

この報告書のなかでは、ミドルリスク・ミドルリターンという木村理論の核心についても触れられている。

申請者（日本振興銀行のこと、著者注）がいう「ミドル・リスク・マーケット」とは、「金利が年平均3%から15%までの分野で、資金の貸し借りが行なわれる市場」を見ているようであり、この市場には、資金を借り入れたいと思っている中小企業や個人事業主の需要が多いにもかかわらず、安定した資金供給者が存在しない、そこで新銀行がこの分野の資金供給者になるということである。さらに新銀行は、この資金需要者に、「原則として無担保、保証人なしでスピーデイな審査で貸し出す」という。しかし、不特定多数が頻繁に取引する市場として、ミドル・リスク・マーケットは存在するのだろうか。

通常いわれているミドル・マーケットは、金利でいえば年5％未満の市場であって、このデフレの日本で、これを超える金利で採算が取れる通常の商取引は、通常、ありえないといえる。この分野の資金取引（貸出－借入）で、借入人としては、「一時的に短期間借り入れて、資金ギャップをつなぐ」ための資金需要はありえよう。しかし、「一時しのぎで、金利年3～15％で借りる人は、キャッシュフローが回らず、いずれ破綻してしまうであろう。さらに、こうした企業への貸出しには、通常、金融機関は高率の貸倒引当金の積増しが要求されるであろう。すでに平成13～14年には、申請者がいう「ミドル・リスク・マーケット」とは趣を異にするが、大手銀行や地方銀行では、金利は通常の水準より高く、原則担保なし、金額では平均1千万円未満等の中小企業向け貸出商品が市場に出ていたのである。ところが、こうした融資では、期待したような効果は期待できず、不良債権が増加したため、長続きしなかったのである。

こうした経験を考えれば、新銀行の「スモール」「メディアム」「事業性」の三分野への貸出商品に対して、貸出平均金利（総合）として、それぞれ、15・0％、11・0％、8・0％を支払う借入人が恒常的に存在する市場はなかったのであり、事実、「こんなマーケットは存在しない」と断言する専門家も多数いるのである。

行政対応等検証委員会の言っていることは、ごくまともというか、少しでも金融業務に携わったことのある人だったら常識とも言えることだ。存在しない市場の開拓に向かって新銀行を設立し、案の定、経営破綻した。その莫大なツケは国民が払わされた。しかし、木村理論という妄想の被害は、実は、それだけではない。木村理論に基づいて進められた不良債権処理によって、日本経済が大転落するほどの天文学的な被害を受けることになったのだ。これについては、次章で詳述していく。

■木村プランの結末

２０１０年７月14日、日本振興銀行の木村剛前会長は、銀行法違反（検査忌避）容疑で、警視庁に逮捕され、８月３日に起訴された。しかし、木村容疑者への捜査は、背任や横領等などには発展せず、金融庁の検査を忌避した罪だけで、２０１２年３月16日、東京地裁で懲役１年、執行猶予３年の有罪判決が下りて、そこで確定した。刑事面では、なぜか微罪で終わってしまったのだ。

一方、民事面では、預金保険機構から損害賠償請求権の譲渡を受けた整理回収機構が２０１１年８月に、ＳＦＣＧへの巨額で違法な実質融資をめぐり、木村元会長を含む７人の旧経営陣に対して連帯して50億円の支払いを求める損害賠償などを求める訴訟（第１訴訟）を提起している。さらに２０１２年８月には、親密企業である中小企業保証機構への杜撰《ずさん》な融資の責任を追及するため、木村元会長らに５億円を請求する第２訴訟を提起した。

第２訴訟に関しては、２０１６年10月19日に東京高裁が請求通り５億円の支払いを命じた東京地裁判決を支持し、木村氏側の控訴を棄却した。さらに２０１７年８月29日には、最高裁が木村元会長の上告を棄却し、判決が確定している。

一方、第１訴訟の方は、２０１６年９月29日に、東京地裁が木村氏に37億５６００万円の支払いを命じた。元取締役3人は責任を認めて訴訟が終結し、社外取締役3人とは和解が成立しており、木村元会長だけが「買い取りに問題はなかった」として争っていた。木村元会長は控訴したが、2017年9月27日、東京高裁は37億5600万円の支払いを命じた東京地裁判決を支持、木村元会長側の控訴を棄却した。最高裁で判決が確定すれば、木村元会長は破産に追い込まれるだろう。

ただし、木村剛氏と二人三脚で金融改革を進め、日本振興銀行の設立にも大きな影響力を及ぼした竹中平蔵元大臣は、刑事面でも、民事面でも一切責任を追及されていない。これが、戦後最大の金融疑獄の結末だった。

第5章　ハゲタカの狙いは金融機関へ

ハゲタカのねらいは、問題企業大手30社だけではなかった。彼らの最終的なターゲットは金融機関だったのだ。デフレ下で、公的資金によって銀行に資本が注入されても、不良債権の増加に歯止めがかかることはない。そこで、大手銀行の経営が悪化するのを待って、たっぷりと公的資金を吸収した大手銀行を買収しようというのが、ハゲタカたちの目論見《もくろみ》だった。

■日本長期信用銀行の破綻処理

1998年3月、政府は優先株と劣後ローンで総額1766億円の公的資金を日本長期信用銀行に投入した。その半年後、日本長期信用銀行は特別公的管理の申請を行い、国有化された。投入された公的資金は無駄になってしまったのだ。日本長期信用銀行の破綻《はたん》処理には3兆7035億円の税金が使われたが、結局、長銀はハゲタカ・ファンドの一つであるリップルウッド社に、わずか10億円の「のれん代」で売却されることになった。

売却先を決める際に、アドバイザーとしてゴールドマン・サックスが選ばれたり、日本長期信用銀行が社名変更で新生銀行になってからも、外国人社外取締役が経営するコンサルタント会社に弁護士料として26億円が支払われていたことが明らかになったり、膨大な税金を投入した国民としては、すっきりしないニュースが続いた。しかも、長銀破綻の国民負担は、この破綻処理の費用だけにとどまらなかった。リップルウッド社に長銀を譲渡するときに結ばれた「瑕疵《かし》担保条項」によって、預金保険機構には負担が降りかかり続けたのだ。

瑕疵担保条項とは、長銀の貸出債権のうち、金融再生委員会が健全と判断した貸出債権の評価額が、3年以内に2割以上減価した場合は、簿価で預金保険機構が買い取るという条項だ。この条項が注目を集めたのは2006年6月のそごうの債権放棄に際してだった。そごうに融資をしている銀行団は、それぞれが債権の一部を放棄することによってそごうを再建する計画を立てたが、新生銀行は、割り当てられた970億円の債権放棄を拒否し、2000億円の貸出債権全体の買い取りを瑕疵担保条項にもとづいて国に求めた。預金保険機構は買い取りに応じたが、970億円の債権放棄については国民の税金で特定企業を救済することにつながるという理由で国民の批判が高まり、結局、そごうは破綻に追い込まれてしまったのだ。

新生銀行の瑕疵担保条項による債権買い取り要求はその後も続き、預金保険機構は、2001年1月～7月の期間だけで55社、1557億円の貸出債権を買い取っている。新生銀行では少しでも経営の先行きに懸念のある企業から強力な資金の回収に動いており、資金回収を受けた企業は急速に資金面で追いつめられてしまう。見方によっては、新生銀行は瑕疵担保条項を「活用」して、不良債権化の懸念がある融資をすべて預金保険機構に移してしまおうとしたのだ。もちろん、新生銀行の被害を受けるのは、貸しはがしを受けて経営を悪化させている一般企業だ。

実は、問題企業30社の不良債権処理の原型は、この新生銀行の手口をもとに作られた可能性が高い。不良債権で追い詰められた銀行が貸しはがしを行うことによって、融資先の企業が資金面で厳しい状況に追い込まれていく。そして、最終的に銀行が経営破綻に追い込まれれば、一気に不良債権先がハゲタカのもとに転がり込んでくる。儲《もう》かるのは、国民ではなく、それを買い取るハゲタカだけだということになるのだ。

■ハゲタカは生命保険会社独特のビジネスモデルに注目

実際、生命保険会社の経営破綻では、そうしたことが現実のものになった。1997年以降に破綻した生命保険7社のうち、5社が事実上外資の手に落ちている。また、日本団体生命も破綻前にフランス系のアクサ生命に吸収されているのだ。

なぜハゲタカが金融機関を狙うのか。それは儲かるからだ。1997年のデフレ突入後、次々に生命保険会社がハゲタカの餌食《えじき》になったが、その原因は、生命保険会社独特のビジネスモデルにある。生命保険に加入すると、保険加入時に予定利率という一種の金利で、保険

図表6　生命保険会社破綻の経緯

	経営破綻日	破綻時の総資産	破綻時の保有契約高	再建支援企業
日産生命	1997年4月25日	2兆1674億円(96年3月期)	17兆1493億円(96年3月期)	アルテミスグループタワー・エス・エイ社
東邦生命	1999年6月4日	2兆8046億円(99年3月期)	21兆328億円(99年3月期)	GEエジソン生命
第百生命	2000年5月31日	1兆7217億円(2000年3月期)	15兆8775億円(2000年3月期)	マニュライフ・ファイナンシャル社
大正生命	2000年8月28日	2045億円(2000年3月期)	1兆1740億円(2000年3月期)	大和生命
千代田生命	2000年10月9日	3兆5019億円(2000年3月期)	47兆6156億円(2000年3月期)	AIG
協栄生命	2000年10月20日	4兆6100億円(2000年3月期)	57兆7300億円(2000年3月期)	プルデンシャル
東京生命	2001年3月23日	1兆150億円(2000年9月期)	13兆460億円(2000年9月期)	太陽生命・大同生命

（資料）YOMIURI ONLINEの記事に再建支援企業を追加
http://www.yomiuri.co.jp/economy/

給付額を計算する。保険加入者が毎年支払う保険料を予定利率で運用したと仮定して、保険給付を固定金利で計算するのだ。ところが、生命保険の保険期間は30年とか40年といった超長期にわたるものが多い。つまり、超長期固定金利でお金を預かる形になるのだ。しかし、生命保険会社が資金を運用するときの実際の金利は、長期国債で運用しても、10年が満期だから、デフレで金利が下がれば、運用成績は、ずるずると落ちていく。不動産で運用した場合でも、デフレで地価が下がるから、同じことが起きる。

その結果、生命保険会社は、デフレ下では、保険契約者に約束した予定利率を実際の運用利回りが下回る「逆ざや」という現象に直面することになる。２００１年３月期の決算で、生命保険主要10社だけで、この逆ざやは１兆３０００

億円もあった。しかし、実際の生命保険料は、契約者の死亡率を実際よりも積み増ししている利益（死差益）と事業運営にかかる経費を実際より積み増ししている利益（費差益）を膨大に持っているから、この逆ざやさえなくなれば、生命保険というのは「濡《ぬ》れ手《て》で粟《あわ》」の商売になるのだ。

外資が破綻した生命保険会社を買い取れば、破綻を理由に、過去の保険契約に関しても、予定利率の引き下げをさかのぼって実現できるから、逆ざやは解消できる。そうなれば死差益と費差益が表に現れるから、自動的に巨額の利益を手にできるようになるのだ。

現に、破綻した生命保険会社を引き継いだ外資系生保やバブル崩壊後の低金利下で事業を拡大して逆ざやを抱えていない外資系生保は、巨額の利益を出している。

■まず不良債権を吐き出させろ

一方、銀行の場合は、生命保険会社のように簡単ではない。仮にハゲタカが銀行を乗っ取ったとしても、デフレが続いている限り、融資の焦げ付きが続くから、即座に濡れ手で粟の大儲けにはならないのだ。だから、ハゲタカは、デフレに日本経済が突入しても、銀行そのものを買収する行動に、すぐには出なかった。ただし、銀行は収益があがらない産業だというイメージは、完全に間違っている。例えば２００１年度決算で都市銀行９行の損益計算書をみると、売り上げが12兆円、売却損などを除いた純粋な経費が７兆５０００億円となっている。つまり本来、都市銀行は４兆５０００億円も利益がでる「儲かる」産業なのだ。ただ単に、デフレで毎年、儲け以上の不良債権が発生しているので、どんどん沈んでいっているだけだ。デフレさえ止まれば、本来の儲けが一気に表面化する。

だから、ハゲタカにとって最も望ましい戦略は、まず銀行に不良債権を吐き出させ、そこで一儲けをした後、不良債権の呪縛《じゅばく》から解放された大手銀行を買収する。そこで、日本政府に働きかけて、インフレターゲットの導入や思い切った量的金融緩和でデフレの収束にかかる。そうすれば、銀行本来の儲けが前面に出てくるから、大儲けができるのだ。米国にそんなことができるのかと聞かれれば、私は「できる」と回答する。米国の言うことなら何でも聞くというのは、プラザ合意以降の日本政府の対米全面服従路線をみれば明らかだからだ。そして、日本の経済や金融は、まさにこのシナリオ通りに進んでいったのだ。

■銀行を追い詰める

生命保険会社と比べると、ハゲタカが銀行を追い詰めるのは、はるかにむずかしい。デフレで市場金利が下がると、生命保険会社の場合、契約者に支払う予定利率がなかなか下がらない一方で、運用利回りは下がっていく。だから、生命保険会社はすぐに逆ざやになってしまう。それに対して銀行は、貸出金利が下がっても、すぐに預金金利を下げることができるので、逆ざやになりにくいからだ。だから、銀行を追い詰めるためには、特別な仕掛けが必要となる。

2002年9月30日、小泉政権の内閣改造で、柳澤伯夫金融担当大臣が更迭され、新たに金融担当大臣に就任した竹中平蔵氏は、早速、銀行を追い詰める対策を練り上げた。就任直後に「金融分野緊急対応戦略プロジェクトチーム」を発足させ、たった1カ月で、「金融再生プログラム」を完成させたのだ。

プロジェクトチームをリードしたのは、金融庁顧問に就任した木村剛氏だった。金融再生プログラムが、木村理論に立脚していることは、その正式タイトルが、「金融再生プログラム―主要行の不良債権問題解決を通じた経済再生―」とされていることからも明らかだが、プログラムが示した不良債権問題解決のための具体策も、木村理論そのものだった。金融再生プログラムのポイントは、以下の5点だった。

①不良債権の査定に米国式のディスカウント・キャッシュ・フロー（DCF）法を

採用する。

②中小企業融資を減らさないような厳格な監視体制を実施する。貸し渋り・貸し剝《は》がしホットラインを設置する。

③貸出資産の査定を厳格化して、個別引当金を積む。

④主要行の経営を取り巻く不確実性が大きいことを認識し、翌年度を超える将来時点の課税所得を見積もることが非常に難しいことを理解した上で、外部監査人に厳正な監査を求めるとともに、主要行の繰延税金資産が厳正に計上されているかを厳しく検査する。

⑤個別金融機関が経営難や資本不足もしくはそれに類似した状況に陥った場合、特別支援の枠組みを即時適用する。（a）日銀特融による流動性対策、（b）預金保険法に基づく公的資金の投入、（c）検査官の常駐的派遣、（d）経営者責任の明確化、（e）金融問題タスクフォースによる事業計画チェック、履行状況モニタリング。

難しい専門用語が使われているので、わかりにくいかもしれないが、言っていることはきわめてシンプルだ。銀行の貸し出しを厳しくチェックして、銀行に貸倒引当金を積み増しさせ、その分、銀行の業績を悪化させようというのだ。

ちなみに、繰延税金資産というのは、次のようなものだ。銀行が、一定以上の貸倒引当金を計上した場合、企業会計上は損失となるが、税務上は損金として認められない。そこで銀行は、貸倒引当金を計上した部分についても、とりあえず法人税を支払う。その法人税は、融資先が実際に経営破綻した場合には還付されるので、銀行は、将来返ってくるお金として、支払った法人税を繰り延べ資産として資産計上しておく。それが繰延税金資産だ。繰り延べ資産は銀行の自己資本としてカウントされる。しかし、税金の還付には条件がある。それは、還付額をまかなうのに十分な納税が還付時にあることだ。金融再生プログラムは、銀行の経営を厳しくチェックすることで、将来十分な収益が得られると見込まれない場合には、繰延税金資産を否認するとしたのだ。もちろん、そうなれば貸倒引当金を積んだ銀行の経営は、一層悪化することになる。

もう一つ、不良債権の査定にディスカウント・キャッシュ・フロー法（DCF）を採用するというのは、もっと大きな問題だ。それまでの銀行は、貸倒引当金を同様の状況に置かれた企業の過去の平均倒産確率に基づいて計上していた。この基準は、客観的で明確だ。なぜなら、過去の倒産確率というのは、実績データなので、誰が計算しても、同じ計算結果になるからだ。ところが、金融再生プログラムは、融資した企業の将来収益を予測し、そこから得られる返済可能額の割引現在価値が、融資額を下回る場合は、その差額を貸倒引当金として積めと言っているのだ。ただ、未来のことなんて誰にもわからない。融資先企業がどれだけ返済できるのかは、本当は知りようがないのだ。だから、融資先企業の将来をどう見るかによって、積まなければならない引当金は大きく変動する。逆に言えば、不良債権を査定する金融庁の思惑次第で、引当金を恣意的に増減させることができるようにしたのだ。

銀行の経営実態にかかわらず、いくらでも銀行の赤字を増やすことができる。なぜそんなバカげたことをするのか。金融再生プログラムは、その目的も、明示していた。

（ア）企業再生機能の強化

企業再生機能を強化するため、ＲＣＣ内における企業再生部門の強化等を検討する。そのための人員確保や政策投資銀行、国際協力銀行などを活用した企業再生ファンドの拡充、企業再生のノウハウを有する商工中金等との連携強化などについては、積極的に対応する。

（イ）企業再生ファンド等との連携強化

RCCは、購入した債権に関しては回収・売却を加速するとともに、企業再生ファンドなどへの橋渡しを果たすことにより回収の極大化を図る。このような観点から、購入して短期間で回収できない案件については、原則として、売却する方向で早急に検討する。

RCCというのは、整理回収機構のことで、預金保険機構が設立した、株主の債権管理・回収及び事業再生支援を担当する会社だ。官製ハゲタカ・ファンドと呼んでもよい存在である。その機能を強化し、主要行の経営を追い詰め、不良債権を吐き出させる。そしてそれを本物のハゲタカ・ファンドに売り渡す。金融再生プログラムは、そのプランを明確に示していたのだ。

■狙いはＵＦＪ銀行へ

金融再生プログラムは、策定後、すぐに大きな効果を発揮した。２００２年度の大手６行の経常損益が、４兆５７７億円の大幅な赤字となったのだ。これで銀行を追い詰められるとハゲタカたちが思った途端、翌2003年度は、わずか498億円の赤字と、損益が大幅に改善してしまった。突然現れた株高によって、銀行が保有する株式の含み損が大幅に減少した結果だった。

そこで、竹中平蔵金融担当大臣は、ターゲットを、UFJ銀行に絞ったのだと、私はみている。UFJ銀行は、不良債権の象徴と言われたダイエーのメインバンクであり、UFJ銀行のセブンシスターズと呼ばれる大口不良債権先を7社も抱えていたからだ。UFJ銀行を追い詰めれば、大型の不良債権を吐き出させることができる。おそらく、そう考えたのだろう。そこで、UFJ銀行は、金融庁に付け込まれる致命的なミスをしてしまった。

金融再生プログラムが、DCF法の採用を義務付けたため、UFJ銀行は、大口融資先の審査資料として「楽観」、「成り行き」、「最悪」という3つのシナリオを用意していた。未来のことは、誰にもわからないのだから、当然と言えば当然の対応だ。そこに、2003年10月、UFJ銀行に金融庁の特別検査が入ることになった。UFJ銀行は、楽観ケースの採用を決め、「成り行き」「最悪」ケースの資料は、段ボール箱に入れて、検査が行われるフロアとは、別の階の廊下に積み上げて、隠したと言われる。

ところが、そこで事件が起きた。体制側に反発する行員が、金融庁に密告電話をかけ、隠《いん》蔽《ぺい》した資料の置き場所まで告げたのだ。

特別検査に入った金融庁のスタッフは、密告電話が告げた場所でその資料を見つけ出し、ＵＦＪ銀行の隠蔽工作を糾弾した。この件で、ＵＦＪ銀行の弱みを握った金融庁は、その後は、やりたい放題になった。明らかな正常債権に片端から不良債権の烙印《らくいん》を押し、ＵＦＪ銀行の不良債権を積み上げていったのだ。金融庁による逆粉飾決算だ。それがいかに不当なものであったかは、後の決算書で明らかになる。

２００４年３月期決算で、ＵＦＪホールディングスは、４０２８億円の大幅な最終赤字に転落した。もちろんその原因は、大口融資先を中心とする債権に大幅な引当金の積み増しを余儀なくされたことだ。その結果、ＵＦＪ銀行の要管理債権の引当率は、２００３年９月末中間決算の29・１％から２００４年３月末には51・３％へと大幅に上昇したのだ。ちなみに他のメガバンクの２００３年９月期と２００４年３月期の引当率の変化は、東京三菱（30・6％→28・０％）、三井住友（30・５％→39・０％）、みずほ（35・２％→30・５％）だった。他のメガバンクの引当率があまり変わっていないのに、ＵＦＪ銀行だけが大きく上昇したのは、明らかに金融庁が、ＵＦＪ銀行の不良債権を「創り出した」証拠だ。

もう一つ金融庁の逆粉飾決算を示す証拠がある。それはＵＦＪ銀行が東京三菱銀行に吸収合併された後の三菱東京ＵＦＪ銀行に、莫大《ばくだい》な貸倒引当金の戻り益が発生したことだ。貸倒引当金の戻り益というのは、不良債権だと思っていた融資が、正常債権だったので、引当金

図表７　要管理債権の引当率

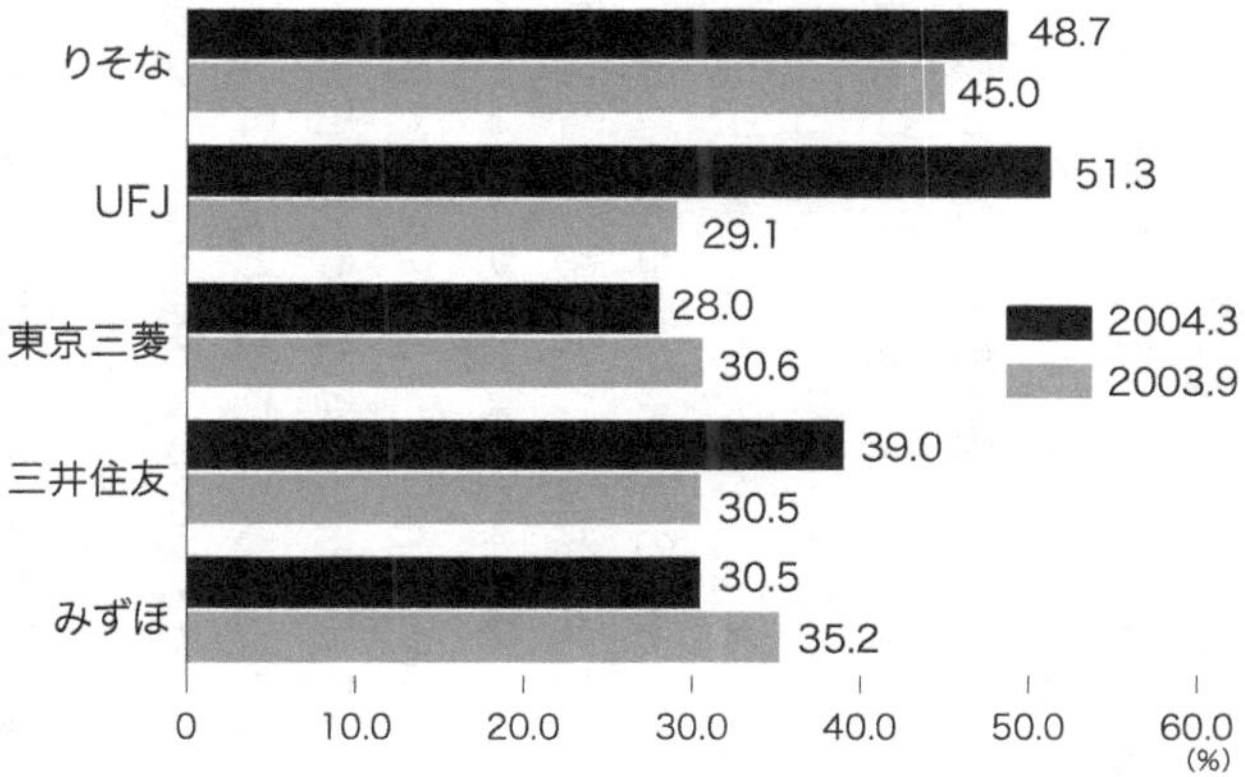

が不要になったことによる利益だ。この戻り益は、２００５年度に５２８３億円、２００６年度上半期に１５９５億円計上されている。三菱東京ＵＦＪ銀行以外のメガバンクには、ほとんど戻り益は発生していない。つまり、金融庁が過大な不良債権認定をしたのを、合併後にきちんと再査定したら、７０００億円も不良債権が減ってしまったのだ。ＵＦＪ銀行の経営が行き詰まった本当の原因は、金融庁による史上最大の官製逆粉飾決算だったのだ。

■東京三菱銀行による事実上の救済合併

この逆粉飾決算によって完全に追い詰められたＵＦＪ銀行は、東京三菱銀行に救済を求め、２００４年８月12日、三菱東京フィナンシャル・グループとUFJグループが経営統合の基本合意を締結した。

ただし、この合併はすんなりとは行かなかった。三井住友フィナンシャルグループがUFJにラブコールを送ってきたからだ。三井住友は、一貫して「株主の利益」を訴え、当初3000億円程度と言われた三菱東京の出資額に対抗して、最大7000億円の出資を提示した。人事処遇でも「対等」、「実力本位」を打ち出し、最終的には、合併比率を1対1とする提案にまで踏み込んだ。「三菱東京よりも有利な統合条件を提示しているのだから、これを受けないと株主から訴えられますよ」と、言外に圧力をかけたのだ。

実質国有化の噂がたつほど経営的に追い詰められたUFJを、なぜ三菱東京と三井住友が高値で奪い合う事態が生じたのか。それは、三菱東京も三井住友も、UFJの経営実態がきわめて健全であることを十分知っていたからだろう。

ただ、三井住友のラブコールは、裁判闘争まで行われたが、結局不発に終わり、2005年10月1日に三菱東京フィナンシャル・グループとUFJホールディングスは統合された。合併に際し、竹中平蔵金融担当大臣は、UFJ側に、合併の条件として、不良債権の完全処理を要求した。それこそが、竹中平蔵大臣の最終目的だったのだ。その目的が何だったのかは、UFJ銀行のセブンシスターズの末路をみるとよくわかる。

●アプラス：2004年9月3日に新生銀行（ハゲタカ・ファンドのリップルウッドが日本長期信用銀行を買収し、社名変更）に1000億円で売却された。

●大京：2004年11月26日、産業再生機構が大京グループ向け貸出債権元本総額4843億円のうち871億円の買い取りを決定。UFJ銀行ら関係金融機関は、1465億円の債権放棄と300億円の債務の株式化を実施する。その後オリックスが資本支援、2005年4月にはオリックス出身の田代正明《たしろまさあき》氏が社長に就任。2014年にはオリックスの子会社となった。

●双日ホールディングス：2004年9月29日、再建計画を決定。セブンシスターズのなかで、唯一の自主再建に向かった。

●国際自動車：2004年9月1日、UFJ銀行やオリックスが出資するシナジー・キャピタルに売却された。赤坂《あかさか》の自社ビルは、ハゲタカ・ファンドのローンスターに売却された。

●ダイエー：2003年にゴールドマン・サックスが、ダイエーから新浦安《しんうらやす》オリエンタルホテル、神戸メリケンパークオリエンタルホテル、なんばオリエンタルホテル、ホテルセントラーザ博多《はかた》を買収した。ダイエーは、2004年10月13日に自主再建を断念し、12月28日に産業再生機構の支援が決定した。2005年3月、アドバンテッジパートナーズ（米国の投資コンサルティング会社ベイン・アンド・カンパニー出身の2名によって日本に設立された投資ファンド）と丸紅がスポンサーになる。2007年3月、イオンとの提携で合意、イオンが資本参加した。2013年にはイオンがダイエー株の公開買い付け（TOB）を行い、ダイエーを子会社化することを発表した。事実上の筆頭株主であった丸紅は、この買い付けに際して、約24％のダイエー株を応募して、イオンはダイエーの筆頭株主となった。そして2015年1月1日にイオンは株式交換方式でダイエーを完全子会社化した。

●ミサワホーム：2004年12月28日、産業再生機構の支援が決定し、トヨタ自動車とNPF－MG投資事業有限責任組合（野村ホールディングス）が資本参加した。2006年3月、トヨタ自動車（トヨタホーム）が再生スポンサーに内定した。2017年1月、トヨタホームがミサワホームを連結子会社化した。

●国際興業：２００４年11月30日、米国のハゲタカ・ファンド、サーベラスが貸出債権約５０００億円を半値で一括購入し、その後サーベラスによる資本注入で再建されることになった。

セブンシスターズのすべてが外資に叩《たた》き売られたわけではない。しかし、双日を除くと、ハゲタカ・ファンドと小泉内閣を支えた構造改革推進派の日本企業に買われていったというのが、ＵＦＪ銀行のセブンシスターズの末路だった。その様子は、さながらマグロの解体ショーのようだった。

第６章　実りの秋を迎えたハゲタカ・ファンド

■ハゲタカ・ファンドは「経済、社会、文化に悪影響を及ぼす」

２０１４年、政府は、東京に創設する国家戦略特区の事業計画素案を明らかにした。最近、撤退が相次ぐ外資系金融機関を東京に呼び戻すために、外国人向けの医療機関の設置やオフィスの容積率アップなど、様々な対策を施すという。しかし、外資の金融機関、特にハゲタカ・ファンドのようなものが、日本に本当に必要なのだろうか。

国連人権理事会は、２０１４年9月26日に、ハゲタカ・ファンドを「経済、社会、文化に悪影響を及ぼす」と非難する決議を賛成多数で採択した。そしてハゲタカ・ファンドが人権に及ぼす影響について実態調査をすることも決定した。

興味深いのは、決議案への賛否だ。47の理事国のうち、日本、米国、英国、ドイツ、チェコの５カ国が決議案に反対し、フランスなど9カ国が棄権、中国、ロシアを含む33カ国が賛成した。世界は、圧倒的にハゲタカ・ファンドを「人権を侵害する組織」と判断している。それに抵抗しているのは、日、米、英というハゲタカの巣窟《そうくつ》になっている国々だ。

ハゲタカのビジネスモデルは、表向きは、経営に行き詰まった企業に資金を融通し、経営改革を行って、企業を再生するというものだ。しかし、その実態は、政府と裏で手を握って企業を窮地に追い詰め、経営権を奪い、優良資産を切り売りし、大規模リストラを行って表面的な利益を高め、スカスカになった企業を高値で売り抜けるというのが、基本的なビジネスモデルになっている。

■ハゲタカ業界の最大手、サーベラス

そうしたハゲタカ・ファンドが、いま日本では、実りの秋を迎えている。ここでは、ローンスターと並ぶハゲタカ業界の最大手、サーベラスを採り上げようと思う。

サーベラスは１９９２年に設立された米国の投資ファンドだ。年金基金や機関投資家、富裕層から資金を集め、高利回りを追求している。ご多分にもれず、米国政府とも密接な関係を構築し、ブッシュ政権時代の財務長官、ジョン・スノー氏もサーベラスの会長を務めていた。

そのサーベラスが、２０１４年2月に、国際興業の発行済み株式の55％に相当する保有株を、国際興業の創業者一族が運営する国際興業ホールディングスにすべて売却した。これで国際興業の経営からサーベラスはすべて手を引くことになった。

国際興業は田中角栄《たなかかくえい》元首相の盟友と言われた小佐野賢治《おさのけんじ》氏が創業した会社で、本業のバスやタクシー事業の他に、ホテルやゴルフ場などの観光業を幅広く手がけていた。経営は順調

で、帝国ホテルの株式を大量取得して、筆頭株主となり、小佐野賢治氏は念願の帝国ホテル会長の座を手に入れた。

前章で触れたように、国際興業は、UFJ銀行のセブンシスターズの一つで、UFJ銀行が東京三菱銀行に事実上吸収合併される際に、UFJ銀行とりそな銀行が持っていた貸出債権約5000億円が、サーベラスに半値で一括売却された。普通であれば、債権を買い取っても経営権を取得することはできないのだが、サーベラスは国際興業に100%減資をさせて他の株主の権利を紙くずにしたうえで、貸出債権の一部を株式化して、国際興業を乗っ取ったのだ。

サーベラスは、帝国ホテルの持ち株を三井不動産へ、八重洲富士屋ホテルを住友不動産へ売却し、傘下の地方のバス会社も次々に売り払っていった。そして、売るものがほとんどなくなった国際興業を創業家に売り戻したのだ。その時点の国際興業に残されたのはバスやハイヤーなどの本業の事業のみだったにもかかわらず、売却価格は1400億円という高額だった。また、国際興業ホールディングスが株式を買い戻すための資金のほとんどを三井住友銀行が融資した。創業家は、優良資産のほとんどを奪われたうえに、莫大《ばくだい》な借金を背負うことになったのだ。

もう一つ、サーベラスの話をしよう。サーベラスは、西武鉄道（西武ホールディングス）

の経営再建でも暗躍している。

２０１３年6月25日、埼玉県所沢《ところざわ》市で西武ホールディングスの株主総会が開かれていた。5時間近くにおよぶマラソン総会になったが、長時間化した原因は、サーベラスが、株式公開買い付けを行い、株主総会で重要事項に対する拒否権を発動できる3分の1超の株式を押さえたうえで、西武ホールディングスに8人の取締役を送り込み、経営を支配しようとしてきたからだ。西武ホールディングス側は、徹底抗戦に出た。1万3０００人という全ての個人株主に対してサーベラスに協力しないよう説得する電話をかけ、西武鉄道の全車両に同様の呼びかけをする中吊《なかづ》り広告を掲出した。

サーベラスは、西武鉄道の経営改革を主張した。特急料金の値上げや西武ライオンズ球団の売却、そして採算の悪い西武秩父《ちちぶ》線の廃止も打ち出した。サーベラスが廃止を打ち出した西武秩父線というのは、厳密に言うと、吾野《あがの》駅と西武秩父駅間の路線なのだが、運行実態から考えると、おそらくサーベラスは、飯能《はんのう》から西武秩父までの路線を廃止しようと提案していたのではないかと思われる。しかし、この提案は、西武鉄道や沿線住民には、とても受け入れられる話ではなかった。この区間には、西武鉄道が開発した大規模住宅地が存在しており、そもそも西武鉄道自体が、秩父観光のキャンペーンを継続的に行っていて、秩父を沿線観光の目玉にしていたからだ。また、ライオンズ球団は、地域住民に愛されているだけでなく、球場へ足を運ぶ野球ファンの大部分が西武鉄道を利用するため、鉄道事業にとっても重要な収益源であり、さらには、ライオンズは西武鉄道の象徴的な存在になっていたから、ライオンズを売却することなど考えられなかったのだ。

西武鉄道を根本から破壊するようなサーベラスの経営戦略に対して、西武ホールディングスは、企業価値を毀損《きそん》するので同意できないと反発した。また、ライオンズや生活に密着する路線廃止といった提案をするサーベラスを個人株主が支持するはずもなく、株主総会でサーベラスが提出した株主提案はすべて否決された。

しかし、問題は、もっと根深い部分にあった。そもそも西武鉄道が経営危機を迎えたきっかけは、政府の金融行政だったのだ。

２００４年12月に西武鉄道は有価証券報告書の虚偽記載を理由として上場廃止となった。これで西武鉄道の資金調達が困難になり、２００６年2月にサーベラスから１０００億円の資本を受け入れざるを得なくなったのだ。もちろん虚偽記載をやってはいけないのは当然のことだが、西武鉄道が問題にされたのは、浮動株の株数を実際よりも少なく有価証券報告書に記載していたことだった。ただ、そのことは、上場廃止に追い込まれなければならないほど、深刻な問題だろうか。例えば、２０１１年3月の福島第一原発の事故で、東京電力は事実上の債務超過に追い込まれた。当然、上場廃止にしなければならない事態だが、東電を上場廃止にしようとする動きは一切なかった。長期間にわたって粉飾決算を続けていたオリンパスも、あまりの粉飾金額の大きさにしばしば決算発表を遅らせた東芝も、上場廃止になることはなかった。

２００４年に「微罪」の西武鉄道を上場廃止に追い込んだのは、竹中平蔵金融担当大臣と五味《ごみ》廣文《ひろふみ》金融庁長官のコンビだった。

そして２０１３年に、サーベラスが、西武鉄道の乗っ取りに成功した際の新たな取締役として提案した8人のなかに、その五味廣文氏が含まれていた。社長含みだったと言われている。

何かきな臭いものを感じないだろうか。上場廃止で創業者の堤《つつみ》家を経営陣から追い出し、それに資金協力した米国ファンドに経営権を売り渡す。国を売るようなことが行われたとみるべきではないだろうか。

ちなみに西武鉄道乗っ取り計画に失敗したサーベラスは、２０１７年8月までに保有する全ての西武鉄道株を手放し、西武鉄道への投資を手じまいした。売却額は公表されていないが、当時の株価を前提に計算すると、およそ２４００億円程度とみられる。11年半で１４００億円のボロ儲《もう》けだった。

さらに、サーベラスは、あおぞら銀行への投資でも、わずか１０００億円の投資で、３０

00億円以上の資金を回収するという荒技を演じている。あおぞら銀行の前身である日本債券信用銀行は、1998年に経営破綻《はたん》し、2000年にソフトバンクやオリックスなどが出資する企業連合がスポンサーとなって、あおぞら銀行と銀行名を変更し、普通銀行として経営再建を目指した。サーベラスは2003年に、ソフトバンクが持ちきれなくなった保有株を1011億円で取得し、その後あおぞら銀行が再上場すると、数度にわたって売り出し、総額3000億円以上を回収した。

一見、サーベラスは何も悪いことをしていないように見える。しかし、短期間で資金が3倍以上に化けるというのは明らかに異常だ。

ただ、サーベラスは、日本での事業からほぼ撤退した。稼ぐだけ稼いだので、もう十分ということだったのだろう。

■もう一羽のハゲタカ

日本で活躍するハゲタカ・ファンドのなかで、サーベラスと双璧《そうへき》をなしたのが、ローンスターだ。1995年に米国のテキサス州で設立された投資ファンドで、日本には1997年に進出した。東京相和銀行を買収して、東京スター銀行に衣替えして営業を再開したことでも知られるが、ローンスターの日本での活動で最も有名なのは、目黒雅叙園の買収だろう。
ローンスターが目黒雅叙園に食指を伸ばしたきっかけは、２００７年2月のことだった。旧三菱銀行、旧富士銀行、旧住友銀行、静岡銀行の4行から、経営不振に陥っていた目黒雅叙園に対する７７０億円相当の債権を、ローンスターは、わずか４５０億円で買い取ることに成功した。担保となっていた雅叙園、アルコタワーと周囲の土地を掌中にしたローンスターは、景観保護のための緩衝帯になっていた土地に第3のビル「アルコタワーアネックス」を新たに建設した。

こう書くと、すんなり事業再生が進んだように思われるかもしれないが、強引な債権の取り立て、創業家一族を分断して経営権を手中にするやり方など、ローンスターの手口は、これぞハゲタカという巧妙かつ強引なものだった。詳しいことは、町田《まちだ》徹《てつ》氏が書いた『行人坂《ぎょうにんざか》の魔物—みずほ銀行とハゲタカ・ファンドに取り憑《つ》いた「呪縛《じゅばく》」』というノンフィクションに書かれているので、ぜひそれをお読みいただきたい。よくぞここまで調べたなと感心すること請け合いだ。町田徹氏は、事業再生という美名の下で、ローンスターが、強奪に近い悪《あく》辣《らつ》な行動を繰り返していることを、綿密な取材のうえで明らかにしているのだ。

ここでは、さわりだけを紹介しよう。

4行から債権譲渡を受ける際には、「利息さえ払っていただければ結構」と目黒雅叙園に対して寛大な態度を示していたローンスターは、貸出債権を譲り受けた途端に豹変《ひょうへん》した。雅叙園の銀行口座を凍結し、売り上げが自分たちの返済に自動的に回るように仕組んだり、銀行から融資を受ける際に個人保証をしていた創業家の人たちからは、個人資産に対して厳しい取り立てを行った。さらに、ローンスターに付け込む隙を与えてしまったのは、オーナー一族の内紛だった。目黒雅叙園の経営が株式会社化されたとき、それまで蚊帳《かや》の外に置かれていた分家の3人が手を組み、取締役会でクーデターを起こして、社長の椅子を手に入れた。所有株数で有利に立つ本家側は、株主総会で経営権を取り戻そうとしていたが、経営権を奪取した分家側は、本家側の要求する株主総会の開催になかなか応じようとしなかった。そこで本家側は、ローンスターと手を組むことにした。民事再生法の適用を申請し、ローンスターから派遣される役員を受け入れて、共同で事業を立て直し、時間をかけてローンスターへの返済を進めていくという事業再生案をまとめたのだ。ところが、土壇場で分家側が会社更生法の適用を申請し、それを裁判所が受理してしまったのだ。

民事再生法の適用なら役員はそのまま会社に残ることが可能だが、会社更生法だと役員は全員退任しなければならない。もちろん、株式は紙くずになる。つまり、分家側にとっても、会社更生法の申請というのは、何のメリットも得られない「自爆テロ」のようなものなのだ。なぜそんな真似をしたのか。その経緯は明らかになっていないが、『行人坂の魔物』の著者である町田徹氏は、一つの可能性を指摘している。それは、ローンスターが本家と共同戦線を張るふりをして、分家側ともコンタクトを取っていた可能性だ。株主総会開催で、取締役から解任されることが確実だった分家側が、本家を巻き込んだ「無理心中」を図ったとしても、不思議ではない。

いずれにせよ、会社更生法の申請は、ローンスターの一人勝ちを意味した。会社が経営破綻したときには、まず株主が権利を失う。その上で、会社に価値が残った場合は、債権者のものになるからだ。ただし、この時点でも目黒雅叙園は、完全にローンスターのものにはならなかった。底地の一部をオーナー一族が個人として所有していたからだ。しかし、それもオーナー一族との激しいバトルの末に、疲れ果てたオーナー一族が借地権を手渡すことになり、２０１２年に目黒雅叙園は、完全にローンスターの手に落ちたのだ。「これでローンスターによる事業再生が本格的に始まる」と期待した人もいただろう。ところが、２０１４年8月、ローンスターは、森トラストに目黒雅叙園を約１３００億円で、売り飛ばしてしまったのだ。ローンスターが目黒雅叙園に注ぎこんだ額は、債権買い取りに４５０億円、資本の注入に２００億円、第3のビル（アルコタワー・アネックス）の建築に２００億円の合計8５0億円ほどだとみられる。そうなると、ローンスターは、何もしないで、４５０億円もの利益を得たことになる。

ちなみにローンスターは、ゴルフ場の買収でも知られている。２００４年５月４日の朝日新聞の報道によると、10年前まで、ほとんど国内資本だけだったゴルフ場の勢力地図が様変わりし、外資に買い占められている。２００４年５月時点で、国内保有数１位が１１０カ所を保有するゴールドマン・サックスグループ、第２位が64カ所保有のローンスターグループになったという。他産業に先駆けて、ゴルフ場産業はすっかりハゲタカの草刈り場となってしまったのだ。

ハゲタカ外資は、買収したゴルフ場の経営改革に乗り出した。それまでの接待用社交場から個人ゴルファーのスポーツ施設に転換するため、利用の一般開放、場内ゴルフ用品売り場の大幅値下げ、ジャケット着用の規制緩和などだ。

安い料金で気軽にプレーできるようになるのだから、一般ゴルファーには朗報だと思われるかもしれない。

しかし、一歩引いてみると、それは日本の資産を外資に二束三文でたたき売りしたことの結果なのだ。

ゴルフ場を作るのには、血のにじむような努力と莫大《ばくだい》な費用が必要だ。基本設計から始まって、地権者との買収交渉、役所の許可の取り付け、建設工事、会員の募集など、少なくとも数年の時間と１００億円近くの資金が必要となる。そのコストを負担したのは、高い会員権を買ったプレーヤーたちだ。

その会員権が暴落し、場合によっては紙くずに近くなったところで、外資がわずか数億円で買い占めていく。つまり、ゴルフプレーヤーの資産が食い散らかされたのと同じことなのだ。しかも、日本経済が資産デフレから脱却すれば、外資の丸儲けになる。ゴルフ場の価格が元の価格の３割に戻るだけで、元々の価格の３％で買ったハゲタカは、投資が10倍になるからくりだ。実際、そのシナリオ通りのことが、現実になっている。

そもそもゴルフ場の経営破綻が続く原因は、接待需要の落ち込みによるプレー人口の減少もあるが、一番大きいのは担保価値の下落だ。地価が大幅に下がって担保価値が減ったから、銀行が融資を止めざるを得なくなったのだ。銀行の「不良債権問題」と構造はまったく同じなのだ。

■日本企業は米国への生贄

ここで取り上げたサーベラスとローンスターの事例は、実は、氷山の一角に過ぎない。身近なところでも、三洋の家電部門は中国企業に売却され、シャープは台湾企業に売却された。原子力事業で大きな損失を抱えた東芝も、虎の子の東芝メモリを２０１８年６月に米ファンドのベインキャピタルが主導する「日米韓連合」へ2兆3億円で売却することになった。

私がずっと抱き続けている疑惑は、日本政府が、多くの日本企業を、それも資産をたっぷり抱えている日本企業を、米国に生贄《いけにえ》として差し出したのではないかということだ。日本は2016年末で、349兆円もの対外純資産を保有しており、世界第2位の中国の210兆円を大きく上回る世界最大の対外債権保有国だ。当然のことながら、外資に頼って資本調達する必要など微塵《みじん》もない。にもかかわらず、これまで行われてきたことは、日本の企業資産を二束三文で売り渡し、最終的にそれを高値で買い戻すということの繰り返しだった。そのことが、日本経済転落の最大の原因だったのだと、私は考えている。

第7章　安倍政権下でも続く格差拡大と対米全面服従

■アベノミクスの5年間で何が起きたのか

第2次安倍政権が発足する直前、2012年11月13日の日経平均株価は、8661円だった。その後の安倍政権の5年間で、株価はおよそ2・6倍に上昇した。有効求人倍率も、2012年11月には0・80倍に過ぎなかったが、2018年6月には1・62倍と、2倍の水準に上昇している。

こうした数字をみても、アベノミクスで景気がよくなったこと自体は、間違いないだろう。ところが、国民が景気回復を実感することもないし、中小企業、特に地方の中小企業は、景気回復の実感をほとんど持っていない。その理由は、景気拡大の成果が、広く国民に還元されず、大企業と富裕層に集中して分配されているからだ。

第2次安倍政権が発足したのが、2012年12月だから、安倍政権初めての決算となった5年前の2013年1～3月期のデータと直近の2018年1～3月期のデータを比べると、アベノミクスの5年間で何が起きたのかが、鮮明に浮かび上がってくる。

法人企業統計で、全産業（金融・保険業を除く）の売上高は5年前より10・7％増えた。やはり、経済が5年間で大きく成長したことは事実だ。

そのなかで、経常利益は38・8％増と、売上高をはるかに上回る伸び率となっている。その理由として考えられるのが、従業員給与が２・５％しか増えていないということだ。売り上げが10・７％も増えたのに、従業員の給与は厳しく抑制されているのだ。売り上げを伸ばして、従業員給与を抑制すれば、利益が増えて当然だ。

近年、企業は労働分配率を下げる行動を続けてきている。その結果、企業が抱える内部留保（利益剰余金）は、２０１８年３月末で、４２７兆円という莫大《ばくだい》な金額に達している。この内部留保の一部を従業員に還元するだけで、労働者の所得が増えて、国民は、景気回復の実感が得られるようになるだろう。

こういう話をすると、「内部留保というのは、これまでの利益の累積であって、内部留保があることと、企業がお金を持っていることは、無関係だ」と批判される。もちろん、会計的にみればその通りなのだが、法人企業統計では、企業の持つ現預金の金額もわかる。２０１８年３月末の現預金は２０２兆円で、５年前より35％も増えているのだ。

利益を従業員給与の引き上げや設備投資に回さず、ひたすらキャッシュを貯め込む。これがアベノミクス時代の企業の姿なのだ。

なぜ、そんなことが起きているのか。私は、ひとつの大きな要因が、役員報酬の決まり方が変わったことだと思う。かつては、一流上場企業の役員でも、年収は２０００万円とか３０００万円の固定給だった。ところが、いまの役員報酬は、米国型の報酬体系を採る会社が増えて、業績連動給とストックオプションのような株価連動給の2本立てになっている。しかも、役員報酬の額は、数億円という高額報酬が珍しくなくなった。

そうした時代に役員が自らの懐を潤そうとしたら、やることは一つだ。成長の成果を従業員に分配せず、利益を拡大する。それで業績連動給が増える。そして、増やした利益を会社に貯め込む。そうすれば、企業価値が上がるから、株価も上昇して、株価連動給が増えるのだ。

多くの企業は将来に向けての思い切った設備投資をしない。そんな勝負を仕掛けて、会社の経営が傾いたら元も子もなくなる。役員は、何もせずに、ただひたすら現状維持を目指す。そうして4～5年間逃げ切れば、役員退任のときには、大金が手元に残るのだ。大金を得るのは、企業の役員だけではない。大量の株式を保有する富裕層も、株価上昇で資産を大きく増やしている。

いまから15年前に、私は『年収300万円時代を生き抜く経済学』という本を書いた。終身雇用や年功序列が崩れて、正社員が減り、代わりにパートタイマーや派遣労働者などの非正社員が急増することで、急速に格差が拡大していくことを警告した本だった。当時は、正社員から非正社員へと転落することによる格差拡大が大きな社会問題だった。

ところが、現在は、その逆だ。庶民の所得が低迷するなかで、とてつもないお金を持つ富裕層が急増する形の格差拡大が起きているのだ。

■億万長者が激増している

キャップジェミニというコンサルティング会社が、２０１８年版の「ワールド・ウェルス・レポート」を発表した。この調査は、世界に富裕層がどれだけいて、その富裕層がどれだけの資産を持っているのかを調べたものだ。

この調査では、富裕層をＨＮＷＩ（ハイ・ネット・ワース・インディビデュアル）という概念でとらえている。１００万ドル（1億１０００万円）以上の投資可能な資産を持つ者のことだ。投資可能資産のなかには自宅不動産や消費財などの非投資資産は含まない。純粋に右から左に動かせるカネを1億１０００万円以上持っている億万長者が、ＨＮＷＩなのだ。

このＨＮＷＩの数は、２０１７年に世界全体で１８１０万人だった。前年と比べて９・５％増えた。そしてＨＮＷＩが保有する投資資産は、70兆ドル（７７００兆円）だ。日本のＧＤＰの14倍もの投資可能資産が、世界の富裕層によって保有されているのだ。

この統計で注目すべきは、日本の位置づけだ。ＨＮＷＩの数は、米国人が５２８・５万人と最も多いが、それに次ぐのが日本人で３１６・２万人もいるのだ。しかも、その数は前年と比べて9・4％も増えている。

日本人HNWIが保有する投資資産は総額で847兆円、1人当たり平均で2億6800万円となっている。これだけ莫大な投資資産を持つ日本人が、この何年かで急増し、いまや300万人以上に達しているというのが、日本の本当の姿なのだ。

日本のGDPが世界に占める割合は6％だ。ところが、日本のHNWIの人数が世界に占める割合は17％に及んでいる。つまり、日本は世界に冠たる億万長者大国なのだ。

サラリーマンの生涯賃金が2億円と言われる世の中で、これだけの資産を働きながら作れるはずがない。一体何が起きているのだろうか。

そのヒントは、所得分配にある。安倍政権が発足して5年間で、実質GDPは累積で7％増えている。経済のパイは大きくなっているのだ。ところが実質賃金は累積で4％下がっている。つまり、成長の成果を富裕層が独占しているどころか、成長の成果以上に、富裕層が庶民の所得を奪う形で、一層金持ちになっているのだ。

こうした現象が起きれば、普通だったら、庶民の怒りが爆発する。現に、いま世界では、格差拡大の潮流のなかで、左翼の台頭が著しい。例えば、米国民主党の大統領候補選挙では、金持ち批判を繰り返したサンダース候補が、ヒラリー・クリントン候補をギリギリまで追い詰めた。イギリスでは、コービンが労働党党首となり、次期首相候補だ。フランスでも、左翼党のメランションが支持を拡大している。ところが、なぜか日本だけが、左派が消滅の危機に立つほど、勢力を減らしているのだ。

こうしたことが起きている一つの原因は、億万長者が存在感を消すのがうまいからだろう。日本の世帯数は、5340万世帯だ。ということは、17世帯に1世帯は、HNWIだということになる。つまり、身の回りにHNWIがたくさんいるはずなのだ。ところが読者はどれだけHNWIを知っているだろうか。

HNWIは、そっと息を殺して生きている。そしてHNWIの仲間と、HNWIだけが集まる空間で暮らしている。だから、なかなか庶民の目に、その暮らしが映らないのだ。

もちろん、よく気を付けていれば、彼らの存在をみることができる。例えば、東京の青山《あおやま》や赤坂の住宅地を散歩してみればよい。都心の一等地に考えられないような大豪邸が並んでいる。関西《かんさい》では、芦屋《あしや》の高級住宅街を見に行けばよい。普段はまったく目にしない巨大な住宅が立ち並んでいるのがわかるだろう。

大都会に近いマリーナに行けば、巨大なクルーザーがずらりと並んでいる。高級外車のディーラーの前に立っているだけでもよい。そこには数千万円単位の高級車を何台も所有する富裕層がたくさんやってくる。

もちろん、彼らが額に汗して、一生懸命働いた末に、よい暮らしをしているのなら、何の問題もないのだが、そうしたケースはわずかだ。働いて稼げるのは、せいぜい数千万円までで、億単位のカネを稼ごうと思ったら、カネにカネを稼がせないといけないからだ。

富裕層があぶく銭で潤っていても、庶民が被害を受けないのだったら、まだましだ。しかし、現実には、富裕層は、庶民の所得を奪う形で、自らの所得を増やしているのだ。

■カジノ法案の本質

庶民の所得を奪う仕掛けの一つが、カジノだ。日本に民設民営のカジノを認めるカジノ法案が、2018年7月20日の参院本会議で、与党、日本維新の会などの賛成多数で可決、成立した。採決の場で、「カジノより被災者を助けて!」という垂れ幕を掲げた自由党の山本《やまもと》太郎《たろう》氏ら3人の議員が、懲罰委員会にかけられることになった。彼らの行動自体はともかく、主張は彼らのほうがずっと筋が通っていると思う。

カジノ法案の最大の争点は、ギャンブル依存症をいかにして防ぐかということだった。政府は、日本人からは6000円という世界最高水準の入場料を取るから依存症は防げると主張するが、そうはならない。ギャンブルにのめり込むのは、負けを取り返そうとするからで、最初から6000円の負けを作ることは、むしろ依存を強化するのだ。

最も有効なギャンブル依存防止策は、頭を冷やす時間を作ることだ。例えば、宝くじで破産する人がほとんどいないのは、購入から当選までの時間が長く、当選しなかったからと言って、次から次へと購入するという行動ができないからだ。

この点で、カジノ法案は「週３回、28日間で10回」という回数制限をしている。しかし、1回のカウントは24時間であり、夕方から始めて、翌日夕方まで、足かけ2日の滞在が可能だ。これを週3回繰り返せるのだから、実質的には週に6日のバクチ三昧《ざんまい》が可能になっている。

さらに大きな問題は、法案が、カジノに通う人が借金をすることを可能にしていることだ。借金を元手にバクチを打てば、それは破産への道まっしぐらになる。ところが、法案では、カジノに預託金を積めば、カジノから借金ができるようにしたのだ。

問題は、まだある。カジノがどのような種類のギャンブルをやってよいのかは、5人の委員で構成される「カジノ管理委員会」が決めることになっている。この委員会が認めれば、どんな射幸性の高いギャンブルも実現が可能になっているのだ。

ここで、考えておかなければならないのは、長く庶民のギャンブルとして根付いてきたパチンコの位置づけだ。警察庁は、これまで数度にわたってパチンコの出玉規制を行ってきたが、２０１８年２月からは、出玉の上限が２４００個から１５００個に引き下げられた。大雑把に言うと、これまでは連チャンを繰り返せば、十数万円儲かったのが、いまは5万円程度が限度になってしまった。その結果、ギャンブルとしての魅力が、大きく下がったのだ。

政府の本当の狙いは、パチンコ離れした国民をカジノに誘い込み、身ぐるみ剝《は》いでしまうということではないのだろうか。それは同時に、これまでパチンコ業者が持っていた利権を政府と新たに参入したカジノ業者が奪い取ることを意味する。

カジノの収益の3割は、政府に納められることになっているから、税収確保という意味では、効果はあるだろう。しかし、その政府収入は、国民を丸裸にし、破滅に追い込むことによって得られる収入だ。それでも構わないと政府は考えているのだろう。自分の意志でバクチを打って、それで破産するのは、あくまでも自己責任だからだ。まさに、市場原理、弱肉強食主義だ。

カジノ法案に賛成する議員たちが声を揃えるのが、カジノがもたらす経済効果の大きさだ。実際、2010年に2つのカジノがオープンしたシンガポールでは、観光収入が2009年の126億シンガポールドルから2013年には235億シンガポールドル（1兆8800億円）と、9割も増えている。観光収入が、GDPの5％を超える規模に拡大したのだ。だから、カジノが大きな経済効果を持つこと自体は正しいのかもしれない。

では、日本のどこにカジノができるのか。複数の自治体が手を挙げているが、最有力候補は大阪だと思われる。松井《まつい》一郎《いちろう》大阪府知事が誘致に積極的だし、カジノを支える交通インフラやカジノ建設のための広大な敷地があるからだ。

実は、カジノは単独で作られるのではない。ホテルや会議場、ショッピングモール、レジャー施設などと一緒にＩＲ（統合型リゾート）として整備されるのだ。賭場《とば》だけを開設するのは、あまりに露骨なので、それを包み込むための隠れ蓑《みの》が必要になるからだ。ＩＲには大きな土地が必要だが、その点、大阪湾には人工島「夢洲《ゆめしま》」があるため、まさにＩＲ誘致の条件が揃っているのだ。

実際、松井知事のところには、米国・シカゴに拠点を置くラッシュ・ストリート・ゲーミング社のほか、海外のカジノ業者が続々と訪問して、進出をアピールしている。各社は、５０００億円という巨額の投資を約束するなど、強い参入意欲をみせている。

問題は、誰がカジノの利益を得るのかという点だ。シンガポールはカジノに対して、消費税５％とカジノ税15％（プレミアム顧客は５％）を課しており、財政面での貢献は大きい。だが、賭博で一番儲《もう》かるのは胴元であるということは、世界の常識だ。シンガポールの場合は、２つのカジノの営業権を落札したのはいずれも外資だった。例えば、マリーナ・ベイ統合リゾートは、米国のラスベガス・サンズが営業権を取得し、プロジェクトのファイナンスは米国のゴールドマン・サックスが仕切った。

結局、カジノの経営全体を俯瞰《ふかん》すると、ギャンブルに熱中した国民から巻き上げられたお金は、政府とハゲタカ外資に吸い取られる構図なのだ。

すでに布石は打たれていた。2018年7月6日付の東京新聞は、以下のように報じている。

二〇一七年二月十日朝。米首都ワシントンに前夜到着した安倍晋三《しんぞう》首相は、米国商工会議所での朝食会に出席した。昼には、前月大統領に就任したばかりのトランプ氏との初めての日米首脳会談を控えていた。

出席した米国のビジネスリーダーは十四人。金融や軍事産業などのほか、米国を代表するカジノ企業トップ三人もいた。今年六月にシンガポールで開かれた米朝首脳会談の前夜、金正恩（キムジョンウン）朝鮮労働党委員長が視察したカジノ入りの高級ホテル「マリーナベイ・サンズ」などを経営する「ラスベガス・サンズ」会長の「カジノ王」シェルドン・アデルソン氏も含まれていた。

アデルソン氏は、トランプ氏の有力支援者。大統領選で四十億円近い資金援助をし、今秋の中間選挙でも共和党に資金提供を約束していると報じられる。政権の政策にも大きな影響力を持つ。イスラエルのネタニヤフ首相の支援者でもあるユダヤ系で、米大使館のエルサレム移転を歓迎し、費用の寄付も申し出ている。

安倍首相は朝食会でアデルソン氏らを前に、前年十二月に公明党幹部の反対を押し切って強硬に成立させたカジノを含むＩＲ整備推進法が施行されたことを「手土産」にアピールした。

「ＩＲは観光立国を目指す日本にとって有益だ」「ＩＲへの社会的懸念など課題解決に貢献したい」。米側が日本進出への意欲を口々に語った様子を、首相自身が今年六月の国会で紹介。ただ、朝食会から三時間後のトランプ氏との首脳会談では、カジノの話題は一切出なかったと答弁した。

アデルソン氏は一七年九月、カジノ誘致を目指す大阪府庁を訪問。記者団にＩＲの採算が取れなくなると強調、カジノに厳しい面積規制を導入しないよう求めている。

「在日米国商工会議所」も昨年、意見書を公表。カジノ客への金融サービス実施や面積規制の緩和も求めた。その後、政府案に当初盛り込まれていた面積の上限の数値は消え、カジノ事業者が顧客に賭《か》け金を貸し出すことも認めた。米側の要求と一致したと国会でも指摘されたが、政府は日本の政策判断だと強調する。

だが、立憲民主党の枝野《えだの》幸男《ゆきお》代表は「米国カジノ業者が子会社をつくり運営し、日本人がギャンブルで損した金を米国に貢ぐ。国を売る話だ」と厳しく批判している。

カジノの胴元が稼ぐ金額（粗利益）は、1カ所あたり3000億円程度と推計されている。カジノを10カ所作れば3兆円で、波及効果を合わせれば6兆円の経済効果があると言われている。3兆円の粗利のうち3割が税金として納められれば、税収は9000億円増える。しかし、同時に7割、2兆1000億円が胴元のものになる。カジノの運営権が外資に渡れば、日本は毎年2兆円以上を外資に貢ぎ続けることになるのだ。もちろん、選ばれる外資は、米国の企業になるだろう。

■原発新設は誰のため

安倍政権の対米全面服従路線は、エネルギー政策にも表れている。2018年3月16日の読売新聞が、電力5社と政府が、青森県東通《ひがしどおり》で原発の建設と運営を共同で行うための協議会を設置すると報じた。元々東京電力が計画していた原発だが、それを電力会社5社と政府が共同建設するのは、原発の安全対策費用負担を分散し、原発の技術を共有するためだという。

「原発依存度をできるだけ小さくしていく」というのが政府の基本方針であるはずなのに、国家ぐるみで原発建設に邁進《まいしん》しようというのだ。

そうなるのではないかという予感はあった。２０１４年に政府がエネルギー基本計画を策定した際に、望ましい電源構成として、原発の比率を20～22％としたからだ。この比率は、逆算すると、稼働可能なすべての原発を再稼働しないと達成できない水準だ。ただ既存の原発のなかには、廃炉になるものも当然出てくるから、新たな原発を建設しなければ、望ましい電源構成を実現できないのだ。

政府が原発を維持しようとする表向きの理由は、原発の発電コストが一番安いということだ。原発の発電コストは１ＫＷＨあたり10円とされている。しかし、このコストには原発事故のコストが含まれていない。例えば、廃炉になった福島第一原発が生涯で発電した電力は、1兆ＫＷＨとみられる。ところが、その廃炉には最大70兆円ものコストが必要とされている。その費用を加算すると、福島第一原発の発電コストは、１ＫＷＨあたり79円になる。もちろんすべての原発が事故を起こすわけではないが、２０１８年の事業用太陽光発電の買い取り単価が、18円であることを考えると、原発にコスト面での優位があるのか、きわめて疑わしい。しかも、経済産業省は、事業用太陽光発電の中長期的なコスト目標として、２０２０年に1KWHあたり14円、2030年に7円としている。事故のコストを考えなくても、太陽光発電のコストが原発を下回るのは、確実なのだ。もはや、原発を作る理由は、コスト面でも、まったくなくなっている。

政府は、原発新設に向かう一方で、福島第一原発のメルトダウンで生まれた燃料デブリを取り出して、完全廃炉にする方針を打ち出している。しかし、ここにきて、その作業に困難な状況が生まれている。格納容器に亀裂が生じていて、水を満たした状態でのデブリ取り出しが不可能であることがわかったのだ。東電は、水を満たさずに取り出す方向で検討しているというが、その方法だとデブリが飛散して、作業員に2次災害が及ぶ危険が生じる。すべてのデブリを取り出すのも、おそらく不可能な状況だ。廃炉にどれだけ時間がかかるのかも、まったくわからない状態というのが、現実なのだ。

そうしたなかで、福島第一原発周辺の人口は激減したままだ。特に若者はほとんど戻ってきていない。だから、私は決断すべき時期がきていると思う。福島第一原発の早期廃炉をあきらめて、100年単位の廃炉先送りをするのだ。放射能は、時間が経てば、どんどん小さくなっていく。だから、100年先、200年先になれば、廃炉は、はるかに容易になるのだ。そして、廃炉の代わりに、福島第一原発を遮蔽《しゃへい》する。チェルノブイリのような石棺にしなくても、現代の技術であれば、コンパクトな遮蔽が可能だ。

そして、遮蔽が完了した時点で、原発から半径30キロ以内の地域に、太陽光発電パネルを敷き詰めて、現地を太陽光発電の拠点として整備するのだ。そうすれば、若者の雇用も生まれるだろう。

しかし政府は、そうした戦略を絶対に採らない。なぜ、電力会社は共同で原子力の技術を共有して、維持しなければならないのか。その理由は、日本の原子力産業が、核兵器を含む米国の原子力産業の一翼を担う存在になっているからだ。日本が勝手に「いち抜けた」とは言えないのだ。つまり、対米全面服従を続ける限り、日本はコストも高く、国民を大きなリスクにさらす原子力発電から逃れることができないのだ。

■核兵器禁止条約に署名できない日本

２０１８年８月９日、平成最後の原爆の日に、長崎市長の田上富久《たうえとみひさ》氏は、平和祈念式典で、「長崎平和宣言」を発信した。その骨子は、以下の通りだ。

▼73年前、長崎は無残な姿に変わり果てた。原爆は人間の尊厳を容赦なく奪う残酷な兵器だ

▼核兵器保有国と核の傘に依存する国の指導者は、核に頼らぬ安全保障に転換を
▼世界の人々は核兵器禁止条約の早期発効へ、自国の政府と国会に署名批准を求めて。日本は、条約に賛同し非核化を導く道義的責任を果たせ
▼板門店《パンムンジョム》宣言や米朝首脳会談を起点に、後戻りすることのない非核化に期待
▼「戦争をしない」との憲法の思いを次世代に継承することが必要
▼原発事故からの復興に努力する福島の皆さんを応援する

（中日新聞２０１８年８月10日付より）

この長崎平和宣言に何か違和感を覚えるところがあるだろうか。田上市長の主張は、おそらく国民の大部分が強く共感する内容だ。世界で唯一の核兵器による被爆国の国民として、核兵器を根絶したいと思う気持ちは、誰もが持っているものだと思う。北朝鮮の核兵器開発を止めないといけないのと同時に、米国を含む世界のすべての国が持つ核兵器をなくしていかないといけないのは、当然のことだろう。

ところが、平和式典に参加した安倍総理は、その後の記者会見で、国連の核兵器禁止条約は、「安全保障の現実を踏まえていない」と批判し、不参加の意向を改めて表明したのだ。

安倍首相の言う「安全保障の現実」とは、日本の安全保障は、米国の核の傘の下でしか確

保できないという意味だ。それに対して田上長崎市長は、核の傘に依存しない安全保障に転換すべきと言っていて、両者の主張は平行線だ。

私は、核兵器をこの世からなくすべきだと考えている。それは、多くの命を奪うと同時に、何十年にもわたって、被爆者の人生を変えてしまうからだ。それは、後遺症に悩む人だけの話ではない。

個人的な話をして申し訳ないのだが、私の父も原爆の被爆者だった。佐賀県出身の父には、同級生がほとんどいなかった。兵役を嫌って、同級生の多くが長崎の医大に進学し、そこに原爆が落ちたからだ。父は、1人東京の大学に進学したのだが、そこで海軍予備学生として兵役に取られた。命じられたのは、特攻だった。父は、ゼロ戦ではなく、5人乗りの蛟龍《こうりゅう》という潜水艦型の人間魚雷に乗り込むことになった。そして、運命の1945年8月6日、父は、蛟龍の潜航訓練を終えて、洋上に浮上し、ハッチを開けて、広島市街のほうを見た途端、原爆が落ちてきたのだそうだ。当日の広島は雲のない青空で、上空で爆発した原爆の金属片が、太陽の光にキラキラきらめいていたそうだ。原爆の知識がまったくなかった父は、「なんてきれいなんだろう」とずっとそれを眺めていたそうだ。もちろん、その間、ずっと被爆していたことになる。ところが、父はそのことをずっと話さなかった。その話が出たのは、戦後50年以上が経ってからだ。

私がテレビで「原爆は地上に落ちたのだと思い込んでいました」と発言したのを聞いた父が、「上空で爆発したことも知らなかったのか」と私に詰め寄った。「なぜ親父は知っているのか」という私の問いに、父は「俺は目の前でみた」と言ったのだ。

悲鳴をあげたのは、母だった。結婚して40年以上、そんな話は一度も聞いていなかったからだ。実は、被爆者はなかなか結婚してもらえない差別を受けていた。だから、父は、被爆のことを黙ったまま母と結婚したのだ。父は、40代のときに一度癌になり、80代で亡くなったときも癌が原因だった。癌と被爆との因果関係はわからない。ただ、原爆が、母を騙《だま》し続けなければならない苦痛を父に40年以上与えたことは、間違いのない事実だ。

被爆国の日本が、核兵器禁止条約に参加しないことに、世界の国々は、呆《あき》れ返っている。そんなおかしなことに日本を追い込んでいるのも、対米全面服従がもたらした結果なのだ。

■働き方改革も米国のため

安倍政権が近年一番熱心に取り組んでいる課題が、働き方改革だ。「働き方改革は、一億総活躍社会実現に向けた最大のチャレンジ。多様な働き方を可能とするとともに、中間層の厚みを増しつつ、格差の固定化を回避し、成長と分配の好循環を実現するため、働く人の立場・視点で取り組んでいきます」（官邸ホームページ）というのが表向きの目的だが、現実には、人件費を抑え、格差を拡大し、そして米国の企業が日本に進出したときに、ビジネスがやりやすいように改革をすることが、本当の目的だ。

２０１８年6月29日、参議院本会議で働き方改革関連法案が与党、日本維新の会などの賛成で可決・成立した。罰則付きの残業時間上限の導入や同一労働同一賃金など、一見労働者に寄り添った内容が含まれるように見えるし、安倍首相自身も、「多様な働き方を支える条件が整った」と自画自賛しているから、労働者への悪影響がないように感じられるかもしれないが、実はこの法案は、サラリーマンの生活を根底から破壊する恐ろしい悪魔を生み出すことになる。それが、高度プロフェッショナル制度（高プロ）だ。

高プロは年収１０７５万円以上で、金融ディーラーなどの専門的知識を必要とする労働者について、労働時間管理をやめて、成果に基づく評価を可能にする労務管理制度だと言われている。「それなら、自分には関係がない」と思う人が多いだろう。しかし、そうはいかないのだ。

法律では、対象職種は厚生労働省の省令で決めることになっている。だから、導入時はともかく、すぐに対象職種が広がっていくだろう。例えば、労働者派遣法ができた１９８６年、派遣業務の対象は専門的能力を必要とする13業務に限定されていた。しかし、どんどん規制緩和が進み、99年には、一部の例外業務を除いて原則自由になってしまった。同じことが、起きるのは確実なのだ。

それでは、どこまで対象が広がるのか。日本経団連が、高度プロフェッショナル制度と同じ仕組みである「ホワイトカラー・エグゼンプション」の導入を提言したとき、対象とする年収は400万円以上だった。また、米国にはすでに同様の制度が存在するが、米国でも導入後に、適用年収が引き下げられ、現在は年収200万円以上が対象になっている。つまり、将来的にはすべてのサラリーマンが、高度プロフェッショナル制度の対象になっていくのだ。

それでは、高度プロフェッショナル制度の対象者になると何が起きるのか。実は、法律面で言うと、高度プロフェッショナル制度は、労働基準法に次のような条文を加えるだけだ。「労働時間、休憩、休日及び深夜の割増賃金に関する規定は、対象労働者については適用しない」。

例えば、一般の労働者は、所定労働時間を週40時間以内にしないといけないが、高プロ対象者は、毎日午前6時から、深夜2時まで働けという所定労働時間を定めることも可能だ。休憩を取らせる必要もない。さらに深夜残業をいくらでも命ずることができて、その対価の支払いは一切不要だ。管理職でも深夜の割増賃金は支払われるのだが、高プロ対象者には、それもないのだ。高プロ対象者に唯一許されている権利は、年次有給休暇のみだ。

これだけ企業側がやりたい放題になる一方で、企業をしばる条文は一切ない。まさに高プロ制度は、労働者の「定額使い放題プラン」なのだ。

この制度が人件費を下げたいという日本の財界からの要請であることは、日本経団連が導入を要請し続けたことからみて、間違いないのだが、高度プロフェッショナル制度の元々の呼び名であるホワイトカラー・エグゼンプションは、米国からの要請にもとづいて検討が始まったものだ。２００６年６月の日米投資イニシアティブ報告書には、米国政府が日本国政府に対し、「労働者の能力育成の観点から、管理、経営業務に就く従業員に関し、労働基準法による現在の労働時間制度の代わりに、ホワイトカラーエグゼンプション制度を導入するよう要請した」と記載されている。また、２００６年12月に、在日米国商工会議所は、厚生労働省に対して「米国のホワイトカラー・エグゼンプション制度を参考とした労働時間制度」の導入を要請した。在日米国商工会議所の要望は具体的で、①管理監督者、②裁量労働制が適用されている労働者、③年収８００万円以上の労働者は、すべてホワイトカラー・エグゼンプションの対象にすべきと主張している。

日本に進出した米国企業が、自国と同じように残業代を支払わない労働者を使いたいというのが、働き方改革の本当の理由なのだ。働き方改革ではなく、米国流の働かせ方への改革だったと言えるだろう。

■死ぬまで働けという国策

政府は2018年6月15日の閣議で、骨太の方針を決定した。今回最も力を入れたのは、人手不足への対応策だ。日本経済新聞は、この政府方針を「『70歳定年制』が視野に入る」と報じたが、そんな生易しいものではない。

骨太の方針では、意欲ある高齢者に働く場を準備することは、国家的課題であるとして、65歳以上を一律に「高齢者」と見るのは、もはや現実的ではないとしている。つまり65歳以上も、働き続けろと言っているのだ。

そのための施策として、骨太の方針は、勤労者の勤労意欲を削いでいる在職老齢年金制度を見直すとしている。在職老齢年金というのは、勤労収入の多い年金生活者は、厚生年金を減額しましょうというものだ。例えば、65歳から69歳の場合、月額の年金と月給の合計が47万円を超える高齢者は、47万円を上回る分の半額を年金から減額することになっている。政府は、この制度が高齢者の勤労意欲を削いでいるというのだが、廃止が本当に労働供給を増やすのか、その効果は疑わしい。はっきりしていることは、在職老齢年金の制度を廃止すれば、高収入の高齢者がますます豊かになることだ。また、在職老齢年金の制度で、年金給付は1兆円節減されているから、もしこれを廃止すれば、一般の年金受給者が受け取る年金が、その分削減されることになるのだ。

もう一つ、骨太の方針がそっと潜ませたのが、公務員の定年延長だ。年金支給開始年齢の繰り延べに合わせる形で、現在60歳の定年を65歳まで延ばすというのだ。

少し詳しく言うと、政府は、現在60歳の公務員の定年を２０１９年度から段階的に65歳へと延長する方向で制度設計に入っている。年金の支給開始年齢が順次引き上げられ、２０２５年度からは65歳支給開始になるため、所得の空白期間がなくなるという仕掛けだ。一見すると、何の問題もない施策のようにも見えるが、これはとてつもない官民格差を生む制度改正だ。現在、政府は、民間のサラリーマンについては、年金の支給開始年齢繰り延べに合わせて、65歳までの継続雇用を確保する政策を打ち出している。具体的には、企業に対して、定年延長のほか、勤務延長、再雇用の導入を求めているのだ。定年延長の場合は、基本的に従前の給与が保証されるが、勤務延長や再雇用の場合は、年収が激減する。

私は２０１７年に60歳を迎えたため、同級生が次々に定年を迎えたのだが、民間企業の場合、定年延長というケースは非常に少なく、ほとんどが勤務延長・再雇用だ。実際、厚生労働省の「平成26年就労条件総合調査」によると、65歳以上の定年を定めている企業は全体の15・５％しか存在しない。非常に恵まれた企業だけが、65歳定年制を導入しているのだ。公務員65歳定年制は、その恵まれた企業に国家公務員の処遇を合わせるということなのだ。

実は、政府部内では、水面下で、年金支給開始年齢をさらに70歳へと繰り延べようとする検討が進んでいる。実際、２０１８年4月に財務省の財政制度等審議会財政制度分科会には、「支給開始年齢の引き上げによる受給水準の充実（イメージ）」という図の中に「68歳」という試案が書かれたのだ。あくまでも試案の段階だが、年金支給開始年齢の繰り延べに向かって、政府が第一歩を踏み出したのだ。少子高齢化に伴って、日本の年金制度は給付カットか支給開始年齢の繰り延べしか破綻《はたん》を防ぐ手立てがないのだが、なぜ政府部内で支給開始年齢の繰り延べが検討されているのかというと、公務員が痛まないからだ。

もし年金支給年齢を70歳にしたら、公務員の定年を70歳まで延ばす。そうすれば、公務員の老後は、一生安泰だ。一方の民間は、ごく一部のゆとりのある企業を除いて、60歳から70歳までの10年間、公務員の半分以下の年収で苦しむことになるのだ。

実は、優良な民間企業に公務員の処遇を合わせるというのは、いまの国家公務員給与の算定でも行われている。国家公務員法では、公務員の給与は民間準拠で決めることになっているのだが、実際に行われているのは、事業所規模50人以上の正社員だけを対象に調査を行い、そこに公務員の給与を合わせている。事業所というのは、営業所とか支店ということだから、そこで50人以上の従業員がいるのは、ほぼ大企業だ。そして、そこで働く派遣労働者やパートタイマーは調査せず、正社員の給与だけを調べるのだ。その結果、いまの公務員は、民間をはるかに上回る年収を得るようになっている。政府が、例えば、派遣労働の適用業務をどんどん広げてきたのも、どんなに派遣労働者が増えても、公務員の処遇に一切影響しない仕組みを整えているからだ。

非常に危険な兆候だと私は思う。かつて、共産主義国家が没落していったのは、公務員天国を作ってしまったからだ。公務員だけが甘い汁を吸う社会を創ったら、民間はやる気を失ってしまう。

それだけではない。このまま行くと、定年後は、勝ち組企業のサラリーマンと公務員が現役時代並みの暮らしを続けるのに対して、一般の民間サラリーマンは収入激減にさらされる。そうなれば、一般サラリーマンは、労働時間を増やすしか方法がない。結局、政府は、一般サラリーマンに、死ぬまでフル稼働で働けと言っているのだ。

■外国人単純労働者受け入れへ

国民を死ぬまで働かせようとする仕掛けは、まだある。２０１８年5月30日の日本経済新聞が「外国人、単純労働に門戸」と一面で報じた。技能実習制度の修了者および特定技能評価試験（仮称）の合格者には、最長5年間の就労資格を与える方針だという。政府は、この新しい在留資格によって、建設、農業、介護、宿泊、造船業の5分野で２０２５年に50万人超の外国人労働力を確保する方針だという。実際、２０１８年6月15日に閣議決定された骨太の方針には以下のように記載された。

4. 新たな外国人材の受入れ

中小・小規模事業者をはじめとした人手不足は深刻化しており、我が国の経済・社会基盤の持続可能性を阻害する可能性が出てきている。このため、設備投資、技術革新、働き方改革などによる生産性向上や国内人材の確保を引き続き強力に推進するとともに、従来の専門的・技術的分野における外国人材に限定せず、一定の専門性・技能を有し即戦力となる外国人材を幅広く受け入れていく仕組みを構築する必要がある。

このため、真に必要な分野に着目し、移民政策とは異なるものとして、外国人材の受入れを拡大するため、新たな在留資格を創設する。

日本は、これまで日本人と競合する単純労働の外国人労働力は受け入れない方針を貫いてきた。しかし、現方式の統計が始まった２００８年に49万人だった外国人労働者数は、２０１７年には１２８万人と、９年で２・６倍に膨れ上がっている。日本で働いている人の50人に１人がすでに外国人になっているのだ。外国人労働者急増の主な原因は、技能実習と留学生のアルバイトだ。

技能実習制度は、発展途上国から日本に技能者を招き、日本の企業で働きながら技能を身に付け、その技能を本国の発展のために役立ててもらうというのが本来の趣旨だ。しかし、近年では、人手不足が深刻な業種で、国内での労働力確保の手段として使われているケースが多くみられる。

また留学生には週28時間（夏休みなど長期休暇中は１日８時間）のアルバイトが認められている。これがコンビニやファースト・フード店で働く外国人が急増した原因なのだが、週40時間というのは労働基準法上の労働者の上限労働時間と同じだ。留学して本気で勉強する気があるのなら、そんなに長時間働けるはずがない。

つまり、日本がいつの間にか外国人労働大国になってしまったのは、脱法行為が原因なのだ。しかし、政府は、なし崩し的に、外国人労働者に門戸を開こうとしている。もしそうなったら、真っ先に生じるのが、賃金の低下だ。小塩隆士《おしおたかし》「外国人労働者問題の理論分析」（『ＥＳＰ』90年６月）によると、単純労働の外国人労働者が１００万人流入した場合、ＧＮ

Pは0・13%上昇するが、単純労働の賃金は24%下がるとしている。賃金が大幅に下がれば、いまの人手不足の業界は、ますます日本人が働かなくなり、外国人労働者なしでは生きていけなくなってしまう。

それだけではない。単純労働者の受け入れは、メリットが雇用企業に即時に現れるのに対して、コストは時間をおいて、国民全体に降りかかってくるという特徴がある。低賃金分野に外国人を入れるのだから、彼らの納める税金は少なく、一方で、失業対策、住宅対策、子弟の教育対策などで、日本人以上のコストがかかるからだ。

UFJ総合研究所が2005年2月に行った「マクロモデルを用いた国際労働力移動の影響調査」では、生産年齢人口を維持するためには年間69万人の移民の受け入れが必要だとして、そうした人数を受け入れた場合の経済的影響を試算している。単純労働者を受け入れたケースをみると、成長率は平均0・2%底上げされるが、2050年時点の政府収支への影響は、社会保障がプラス8兆円となるものの、財政への影響がマイナス18兆円となるため、財政・社会保障全体では10兆円のマイナスとなっている。高度成長期に大量の外国人労働者を受け入れたヨーロッパは、いまだに負の遺産に苦しんでいる。人手不足解消という目先の利益に飛びつくことは、自殺行為なのだ。

それなのに、政府は、「技能実習制度の修了者」と新しく設ける「特定技能評価試験（仮称)」の合格者には、最長5年間の就労資格を与える方針だという。ただ政府も、外国人労働者が定住するようになると、大きなコストが日本経済にかかってくるのはわかっているらしい。外国人の定住はおろか、家族の呼び寄せも許さない構えだからだ。

技能実習を終えた外国人が、新しい在留資格を利用すると、最長10年間、日本にいられることになる。その一方で「家族がいても、日本に連れてきてはいけない」という方針になっているのだ。いかに日本で働きたいからといって、10年間も家族と離れて暮らさないといけないというのは、非人道的だし、もっと言えば人権の侵害だ。

また、人権を認めない形で外国人を増やしていくと、やがて社会の分断を招く。2014年のフランスの欧州議会議員選挙で、移民排斥を掲げるルペン党首の国民戦線は、25%の得票を得て、第一党に躍り出た。不況で失業率が高まると、その恨みが外国人に集中する。「諸悪の根源は外国人だ」ということになって、彼らの人権がますます奪われていくのだ。政府が、それをわかっていながら、外国人単純労働者を使い捨ての形で受け入れに走るということは、すでに日本政府の基本理念が、すっかり新自由主義に染まってしまったことを意味する。外国人単純労働者が家族と暮らせなくても、そんなことは知ったことではない。彼らは、単なる労働力なのだから。それが政府の考え方なのだ。

こうした政府の判断の背景にあるのは、何としてでも人件費を抑え込みたいという日本の財界の考えがあることは間違いない。しかし、同時にそれは、グローバル資本の思いでもあるのだ。彼らも、日本に進出したときには、安い労働力を使いたいからだ。現に、現行法の下でも、ハゲタカは、外国人メイドを使用することが可能になっている。日本人が外国人メイドを使うことはできないが、「投資・経営」という在留資格を所持する外国人のみ、外国人メイドを「特定活動」という在留資格で連れてくることができるのだ。日本人は外国人メイドを雇えないが、外国人投資家はできる。政府は、その特権を日本の富裕層にも広げようとしているのだ。

■社員は道具になった

トヨタやホンダなど、大手自動車メーカーが、2017年に期間従業員の雇用ルールを変更した。2013年に改正された労働契約法では、期間従業員でも、累積で5年間勤務すれば、正社員にしなければならないとの規定が設けられた。これまで自動車メーカーは1年ごとに1カ月とか3カ月の空白期間をおいて、同じ期間工を繰り返し雇ってきた。そうすれば、正社員(期限の定めのない雇用)にしなくて済むからだ。改正労働契約法では、さすがに累積で5年も働いたら、正社員にすべきだろうという判断の下で、正社員登用のルールを決めたのだ。ところが、法律には抜け道があった。雇用の空白期間が６カ月になった時点で、累積の雇用期間がリセットされるのだ。つまり、５年ごとに６カ月の空白期間を置けば、期間工を非正社員として雇い続けることができるのだ。その抜け道を、大手自動車メーカーは、こぞって利用することにしたのだ。

期間工として働く労働者の立場からみると、これまでは最短１カ月のインターバルを置けば、ずっと働けたものが、２０１８年以降は、さらに５年ごとに６カ月のインターバルを置くことが必要になった。雇用は、法律の目指す建前の方向とは裏腹に、確実に不安定化したのだ。

法律の趣旨とは真逆の結果になっているのは、２０１５年に施行された改正派遣労働法も同じだ。３年を超えて派遣労働を続けると正社員にしないといけなくなったため、派遣労働者が３年ごとに職場を転がされて、技術を身に付けるチャンスを失ってしまったのだ。こうした「社員イジメ」の背景は、企業が従業員を仲間だとは思わず、利益を稼ぎ出すための道具として位置付けたことによるものだ。

それを裏付けるもう一つの「事件」が起きた。みずほフィナンシャルグループが、今後10年程度をかけて、グループ全体の従業員を６万人から４万人に減らす方向で検討していることが、明らかになったのだ。行員３人に１人が仕事を失う勘定になる大リストラだ。表向きの理由は、人工知能やＩＴ技術の進化で、人が行ってきた業務を効率化することが可能になったことだとされている。ただ、私が問題だと思うのは、みずほフィナンシャルグループが、２０１６年度に６０３５億円という巨額の最終利益をあげているという事実だ。

つまり、とてつもなく儲かっていても、利益拡大のためには、従業員を切り捨てるのだ。しかも、これはみずほフィナンシャルグループだけの話ではない。三菱ＵＦＪ銀行も、現在ある５１５店舗のうち85程度の統廃合を検討している。店舗がなくなれば、当然、行員もリストラされる。

かつて日本の大企業は、経営が悪化し、他に手がなくなったときに、初めてリストラに手を染めた。ところが、もはやどんなに儲かっていても、会社が従業員を切り捨てる時代がやってきたのだ。それも、自動車や銀行といった安定雇用の代表業種でそうなったのだ。働く仲間を犠牲にしてまで確保しなければならない利益というのは、一体何なのだろうか。

第8章　これからどうすればよいのか

これまでみてきたように、このままでいくと、日本経済が低迷を続けるなかで、外資と富裕層ばかりが所得を増やし、そのあおりで、一般国民がずるずると転落していく未来は避けられない。それでは、今後どうしたら、国民が幸福になれるのだろうか。

■政策のねじれ解消を

2018年9月に行われた自民党総裁選挙は、安倍晋三首相と石破茂《いしばしげる》元防衛大臣の一騎打ちとなったが、結果は、安倍首相の圧勝だった。立候補が噂された岸田文雄《きしだふみお》政調会長が7月に立候補を断念し、安倍首相支持を打ち出した時点で、この結末は十分予測できた。その後、勝ち馬に乗ろうと、各派閥が次々に安倍支持を打ち出したのだから、安倍首相の勝利は、当然の結末だ。結局、公式に石破支持を表明したのは、竹下《たけした》派のそれも参議院議員だけだった。

なぜ竹下派の参議院議員が、安倍総裁の3選後に、干されるリスクを冒してまで、あえて石破支持を打ち出したのか。それは、保守本流としての意地があったからだと思われる。

自民党内の派閥政治は、大きく分けると、ずっと保守本流と保守傍流の対立だった。保守本流に属するのは、平成研究会（竹下派）、宏池会《こうち》（岸田派）だ。一方、保守傍流は、清和政策研究会（細田派）、志帥会《しすい》（二階《にかい》派）、近未来政治研究会（石原《いしはら》派）だ。

両者の間には、政策の基本理念に大きな違いがある。私の見立てでは、保守本流は平和主義かつ平等主義、保守傍流は市場原理主義かつ主戦論だ。少し極端かもしれないが、保守本流は、人類みなが平等に幸せになるべきだと考える。だから、何としても戦争は避けようとする。自主憲法制定を党是とする自民党政権がずっと続いたにもかかわらず、戦後、憲法改正が行われなかったのは、20世紀のうちは、保守本流が自民党の主流派であり続けたからだ。また、経済の面でも、保守本流は、国民全員を幸せにしようと考えるから、所得の再分配を強め、セーフティネットを拡充しようとする。この理念が、日本を「戦後最も成功した社会主義国」と評されるような平等社会にしたのだ。

保守本流の源流は、1955年の保守合同前の自由党の総裁、吉田茂《よしだしげる》だ。意外な印象があるかもしれないが、吉田茂は、朝鮮戦争の際、米国が日本に再軍備を要求してきたのを断固として拒否した。もしその決断がなければ、日本は朝鮮戦争に巻き込まれ、太平洋戦争に続いて、大きな人的、物的被害を出すところだった。保守本流は、最初から平和主義だったのだ。

保守本流を代表する政治家は、田中角栄だと私は思う。公共工事の利権をむさぼったイメージがあるかもしれないが、それは間違っている。田中角栄は、新潟の寒村に生まれて、社会に大きな疑問を抱いた。当時の新潟では、冬場の農閑期になると、一家の大黒柱が大都市に出稼ぎ労働に出掛けていた。なぜ、新潟に生まれたというだけで、家族がバラバラにお正月を迎えなければならないのだろうと疑問を持った田中角栄は、新潟の農産物や海産物を大都市に短時間で送り届けることができれば、新潟県内に雇用が生まれ、家族がずっと一緒に暮らせるようになると考えた。

田中角栄は、著書『日本列島改造論』（1972年）のなかで、こう書いている。

日本列島の改造こそは今後の内政の一番重要な課題である。私は産業と文化と自然が融和した地域社会を全国土に押し広め、全ての地域の人々が自分たちの郷里に誇りを持って生活できる日本社会の実現に全力を傾けたい。

かつて工場ひとつない寒村だった滋賀県の栗東町《りっとうちょう》は、名神《めいしん》高速道路ができたおかげで200以上の工場が進出し、新興工業地区へと一変した。それまでは農業中心の都市で、工業といえば食品、衣服、繊維関係の工場しかなかった愛知県小牧《こまき》市は、名神、東名《とうめい》両高速道路のおかげで工業都市、流通基地としてにわかに脚光を浴びるようになった。東名高速道路ができてから東京に入ってくる九州《きゅうしゅう》産の豚の量が2～3倍に増えた。輸送時間が約4分の1となったおかげで子豚の輸送疲れが少なくなり、トラック1台あたり20万円は余計に儲《もう》かるようになった。大阪の青物市場では季節になると東名、名神を突走って福島県岩瀬《いわせ》村のきゅうり、茨城県のピーマン、埼玉県の長十郎《ちようじゆうろう》梨などさまざまな商品が出回るようになった。

高速道路ができればできるほど市場が広がる半面、産地どうしの競争も激しくなる。それは貿易の自由化と同じことで、日本経済全体からみれば、適地適産がすすみ、価格が平準化し、生産は合理化する。

私は埼玉県所沢市に住んでいるのだが、家の近くに角上《かくじよう》魚類という大型鮮魚店がある。この店は、新潟の寺泊《てらどまり》港に水揚げされた魚を、関越《かんえつ》自動車道を使って直行で運んでくる。新鮮な魚が手に入るということで、いつも多くの買い物客でにぎわっている。田中角栄が描いたとおりの事態が現実になっているのだ。

田中角栄は、こう言っている。「俺の目標は、年寄りも孫も一緒に、楽しく暮らせる世の中をつくることなんだ」。これはまさに、保守本流の考え方だ。外交面でも、田中角栄は、１９７２年９月に北京《ペキン》を訪問し、日中国交正常化を実現した。米国との関係だけでなく、中国との関係も大切にする。これぞ、保守本流の真骨頂だ。

しかし、２００１年の小泉政権誕生以降、自民党は保守傍流に支配されるようになる。傍流が主流になってしまったのだ。だから、最近は、保守傍流という言葉自体が死語になってしまった。

保守傍流の基本理念は、一言でいうと、「強い者が勝つ」だ。現実問題として、米国が圧倒的な軍事力を持つ以上、それに抗《あらが》うようなことはしない。彼らは、「日米同盟強化」という言葉を使うが、その実態は米国に対する全面服従だ。彼らは、憲法を「改正」して自衛隊を明記するというが、それは自主防衛をするためではなく、米軍の下で戦える戦力を差し出すためだ。また、経済面では、米国に要求されるままに、規制緩和を進め、市場原理を強化するが、それは単に要求されたからという理由だけではなく、彼ら自身の理念でもあるのだ。保守傍流の源流は、安倍総理の母方の祖父である岸信介《きしのぶすけ》だ。岸信介は、東條英機《とうじょうひでき》内閣で商工大臣を務めたことから、極東国際軍事裁判ではA級戦犯の容疑者として3年半にわたって拘留された。しかし、結局、岸信介は不起訴となり、釈放された。公職追放は続いたが、それもサンフランシスコ講和条約発効を機に解除された。なぜ岸信介が、無罪放免になったかについては、諸説があるが、岸信介が反共のためなら米国と協力すべきという考えを表すようになり、米国にとって利用価値があると判断されたためではないかという説が有力だ。つまり、対米全面服従は、源流から存在していたことになる。

安倍首相の基本理念は、もちろん保守傍流、つまり市場原理主義かつ主戦論だ。小泉純一郎元首相と同じ細田派の議員なのだから当然と言えば当然のことだし、現実問題としても集団的自衛権を容認し、自衛隊を米国の戦争に参加させるための安全保障法案を確立させ、高度プロフェッショナル制度の導入、外国人単純労働力への市場開放など、米国が要求する規制緩和策も確実に実施している。

一方、保守本流の理念に近いのが石破茂氏だ。平和主義かつ平等主義だ。国防軍を創設することで、対等な日米関係を築こうとしている。国民の強い支持が石破氏のほうにあるのは、世論調査をみても明らかだ。

ただ、私は自民党総裁選挙で石破氏が勝利したほうが、国民が幸せになったとは、考えていない。その理由は、マクロ経済政策にある。

本来であれば、保守本流のマクロ経済政策が、金融緩和・財政出動で、保守傍流のマクロ経済政策が、金融引き締め・財政引き締めとなるべきだ。世界を見渡してみても、左派は金融緩和・財政出動で、右派は、金融引き締め・財政引き締めが基本になっている。ところが、アベノミクスが金融緩和・財政出動であるのに対して、石破氏は金融引き締め・財政引き締めだ。石破氏は、２０１８年4月の講演で、金融・財政政策をいきなり激変させることはないと断言したが、同時に、「大胆な金融緩和も機動的な財政出動も、いつまでも続けられるはずがない」と将来の引き締めに含みを残している。

もし石破氏が総理大臣になっていたら、金融・財政同時引き締めで、日本経済は失速していただろう。民主党政権のときの悪夢の再現だ。

一方、安倍首相が、財政出動・金融緩和を継続するのは確実だ。少なくとも、経済全体のパイを拡大することには成功する。ただし、日本が米国の戦争に巻き込まれるリスクがさらに大きくなり、格差も拡大を続けることになる。

私は、日本に一番必要なものは、経済をきちんと理解した、まともな左派政党だと考えている。基本理念は、平和主義と平等主義。そしてそれを実現するための対米全面服従からの脱却、社会保障拡充と消費税減税、そしてその財源としての金融緩和だ。米国でも、ヨーロッパでも、新自由主義の惨禍を目の当たりにした国民が、確実に左派の支持を増やし始めている。そして彼らは、左派としてのまともな経済政策を提示している。ところが、日本の左派政党だけが、なぜか財務省と日銀のマインドコントロールから逃れることができずに、相変わらず「社会保障の拡充のためには消費税引き上げはやむを得ない」とか、「金融緩和はバブルを引き起こすだけで、何の効果もないどころか危険だ」などと、財務省や日銀が作った神話の呪縛《じゅばく》にとらわれ続けている。

リベラル政党の人たちは、もう一度きちんと経済学を学び直してほしい。遠回りだが、それが日本の未来を切り開く唯一の道なのではないだろうか。

■森友学園問題は財務省による倒閣運動

これまでに述べてきたように、日本経済転落をもたらした真犯人は、米国と日銀と財務省だ。そこで、以下では、それぞれについて、一体何が起きていて、今後どのようにしていけばよいのかを考えていきたい。ここでは、まず、財務省を採り上げよう。

日本の官庁のなかで最も大きな権力を持っているのが財務省だ。これまでも、財務省は一国の総理大臣の首を挿《す》げ替えるくらいの大きな影響力を行使してきた。それは、安倍首相に対しても変わらない。私は、そもそも森友《もりとも》学園の問題は、財務省が安倍政権を追い詰めるためにやった自作自演の大芝居だったのだと考えている。

話は、2016年末にさかのぼる。2017年新年特別号の『文藝春秋』に浜田《はまだ》宏一《こういち》イエール大学名誉教授の「『アベノミクス』私は考え直した」というインタビュー記事が掲載された。この記事は、1人の経済学者の転向という意味を持つだけではない。浜田氏は、内閣官房参与として安倍総理の経済参謀を務めるだけでなく、アベノミクスのシナリオを描いた中心人物だからだ。その浜田氏が、アベノミクスの過ちを指摘した。浜田氏は、日本経済がデフレから本格脱却できていない理由を、金融緩和で生まれたお金が、国民に行き渡っていないことだとして、「減税を含む財政出動を重ねれば、アベノミクスの未来は明るい」と結論付けたのだ。

浜田氏が、内閣官房参与という政府の一員でありながら、消費税率8％への引き上げに最後まで抵抗し続けたことを考えれば、浜田氏の言う「減税」が何を意味するかは明らかだ。そして実際に、浜田氏は行動に出た。プリンストン大学のクリストファー・シムズ教授を日本に呼んで、各地でシンポジウムを開いた。減税の大合唱となったシンポジウムは、大盛況となった。そして、安倍首相も動く気配をみせた。イギリスの金融サービス機構前長官のアデア・ターナー氏を官邸に招き、会談を行った。ターナー氏はヘリコプターマネーの提唱者として有名だが、日本のデフレからの脱却策として、減税を主張している。その人の意見に安倍首相が耳を傾けたのだ。

これは、財務省として看過できない事態だ。苦労して8％に引き上げた消費税率を5％に戻されたら、たまったものではない。おそらく財務省は、こうなったら安倍首相を失脚させる以外にないと判断したのだろう。しかし、安倍首相には、失脚させる口実となるスキャンダルがない。そこに飛び込んできた格好の材料が、安倍昭恵《あきえ》夫人が親密にしている大阪の幼稚園経営者が、小学校を作るために国有地を格安で払い下げてほしいと申し入れてきたという情報だった。

財務省は、これに乗った。もちろん、安倍首相の指示で格安で払い下げたとは言わない。

そう言ったら嘘になる。しかし、世間に「安倍首相の影響力があった」と思わせるだけで、十分な効果があるのだ。

２０１７年3月24日、森友学園への国有地払い下げ問題に関連して、売却交渉時に財務省理財局長だった迫田《さこた》英典《ひでのり》国税庁長官と近畿《きんき》財務局長だった武内良樹《たけうちよしき》財務省国際局長が、参議院予算委員会に参考人として招致された。２人は、「政治家や秘書の問い合わせはなく、政治的配慮は一切していない」と口を揃えた。

しかし、土地の売却が不当に安く行われたことは紛れもない事実だった。問題の土地には、元々豊中《とよなか》市が公園を整備する計画だった。そのために住民の立ち退きまで行った。豊中市は、公園整備にあたり、国に対して土地の無償貸与を要求したが、財務省は応じなかった。豊中市は止むを得ず、およそ半分の東側の土地を14億２３００万円で購入した。ところが、西側半分が森友学園に1億３４００万円で譲渡されたのだ。そんな安値が、本来あるはずがない。

おかしなことはまだある。財務省の出先機関である近畿財務局の官僚は、少なくとも2回、大阪府庁に出向き、小学校の認可に関して、打ち合わせを行っている。財務省というのは、公務員試験で最も優秀な成績を収めた者が就職する官僚の王者、エリート中のエリートだ。だから、彼らがわざわざ足を運ぶことは普通あり得ない。相手を呼びつけるのだ。私自身も、１９８０年に専売公社に入社した際、大蔵省（現財務省）担当の主計課という部署に配属された。常に大蔵省から呼びつけられたが、予算編成で忙しい時期には、大蔵省の廊下で、いつでも御用聞きできるように、ずっと待たされていた。その財務省の職員が出向いたというのは、相当強い魂胆があって、財務省が動いたということを意味している。

だから、政治家の関与がなかったとする財務省の主張が正しいのであれば、この国有地払い下げは、財務省単独の犯行ということになる。

普通に考えれば、財務省に国有財産を安値で叩《たた》き売る動機はない。しかし、森友学園の籠《かご》池《いけ》前理事長の長男である佳茂《よししげ》氏は、メディアの取材に対して、「政権にダメージを与えようと、一芝居打った可能性」を指摘した。その見立ては、メディアからは無視されたが、私はその可能性が高いと考えている。

財務省の最大の関心事は消費税率の継続的引き上げだ。しかし、安倍首相は二度も消費税率の引き上げを先送りした「戦犯」だ。しかも、安倍首相は２０１９年10月に予定される消費税率引き上げも凍結する気配をみせている。財務省にとって、絶対に許せない行動だったのだ。

もちろん、財務省が政権転覆のために動いたことを立証するのは、不可能に近い。しかし、事態は、財務省の望む方向に動いていった。森友学園問題の追及が強まるなかで、内閣支持率が急落したのだ。２０１７年7月の毎日新聞の世論調査では、内閣支持率は26％に急落し、

「自民党総裁交代を」と答える国民が62％に達した。

ところが安倍首相は、とても運の強い政治家だ、内閣支持率が致命的に低下したところで、北朝鮮がミサイルを撃ち始めたのだ。それとともに、内閣支持率は急回復した。それを受けて、安倍首相は、「国難を突破する」ため、10月10日公示、10月22日投票の解散総選挙に打って出た。結果は、与党が3分の2以上の議席を獲得する圧勝だった。

ところが、安倍首相のみそぎは、解散総選挙圧勝では、終わらなかった。財務省が思わぬ蒸し返しをしてきたのだ。2018年3月2日、財務省が森友学園への国有地払い下げ契約に関する決裁文書を書き換えた疑いがあるというスクープを朝日新聞が報じたのだ。朝日新聞によると、契約当時の文書と2017年2月に国会議員らに開示した文書を比べると、開示文書からは、「特例的な内容となる」といった表現がなくなり、項目ごと消えていた箇所もあった。つまり、財務省は、1年間も、嘘の決裁文書を示すことで、国会と国民を欺いていたことになる。

この事件について財務省は、本省からの指示で近畿財務局が行ったことだと認めている。虚偽公文書作成の自白は得られているのだ。また、改竄《かいざん》前と改竄後の決裁文書も、大阪地検特捜部が押さえている。物証も完璧《かんぺき》だ。

これだけ完全な証拠が揃っていながら、最高刑懲役10年の重大犯罪である虚偽公文書作成事件は、立件されず、財務省から1人の逮捕者も出なかった。虚偽公文書作成罪は、作成権限を持つ者が行った場合、文書の趣旨を大幅に変えることが必要だからだと大阪地検特捜部は、不起訴の理由を明らかにした。国有地8億円の値引きによる背任容疑も、違法性があったとはいえないと特捜部と判断した。そんなバカげた話はないと一般常識では思うのだが、法律ではそうなっているらしい。ただ、こうなることを、財務官僚は予測していたのかもしれない。つまり、自分たちが罪に問われないことを知っていて、安倍政権を揺さぶるために、あえて決裁文書の改竄を行ったのではないだろうか。財務省は、東大法学部が支配する官庁だから、法律面には明るいのだ。そう考えると、改竄を報じた朝日新聞のスクープも、財務官僚が、わざとリークしたのかもしれない。

ただ、仮に財務官僚への刑事責任追及が法律の不備でできなかったとしても、決裁文書改竄の責任を財務官僚に取らせる手段は残されている。懲戒処分だ。財務官僚は、決裁文書改竄を大臣にも隠していたということになっている。そのことによって、麻生太郎財務大臣は国会で陳謝を繰り返し、政権が危機に陥ったのだから、麻生大臣は、改竄に関わった財務官僚を即刻、懲戒免職にすべきだった。

ところが、2018年6月4日に公表された懲戒処分は、すでに辞職していた佐川宣寿《さがわのぶひさ》前国税庁長官を停職3カ月相当にするなど、20人を厳重注意などの軽い処分で済ませ、麻生財務大臣自身は、閣僚給与1年分を自主返納するだけに終わった。とてつもない温情処分だ。麻生財務大臣は、記者会見で、「なぜ決裁文書を改竄したのか、その理由がわからない」と発言した。もちろん、安倍首相を失脚させるためにやったなどと言えるはずがないのだ。

■セクハラ事件も厳しいお咎めなし

財務省は、決裁文書の改竄に次いで、立て続けにスキャンダルを起こした。2018年4月12日発売の『週刊新潮』が福田淳一《ふくだじゅんいち》事務次官（当時）のセクハラ疑惑を報じたのだ。「胸触っていい？」「手縛っていい？」など、飲食店で2人になった福田前次官は、女性記者に対するセクハラ発言を繰り返した。ところが、その報道に福田前次官は「時には女性が接客をしているお店に行き、お店の女性と言葉遊びを楽しむようなことはある」とセクハラの事実そのものを完全否定した。しかも、録音データを突き付けられても、「自分の声は自分の体を通して聞くので、これが自分の声なのかどうかはよくわからない」ととぼけた。さらに「週刊誌報道は事実と異なるものであり、私への名誉毀損《きそん》に当たることから、新潮社を提訴すべく、準備を進めている」と、逆切れしたのだ。

こうした事態に対して、麻生副総理兼財務相も、会見で、「こちら側も言われている人の立場も考えないと。福田の人権はなしってわけですか」と福田前次官を擁護した。財務省ぐるみで、セクハラをもみ消そうとしたのだ。

福田氏は、情報提供と引き換えに記者に対して性的関係を迫ったのだから、本来なら懲戒免職の対象だし、刑事責任も追及されるべきだ。ところが、財務省としての処分は、退職金のわずかな減額にとどまり、逮捕もされていない。1998年に大蔵省がノーパンしゃぶしゃぶ事件を起こしたときは、何人も大蔵官僚が逮捕され、三塚博《みつづかひろし》大蔵大臣が責任をとって辞任した。決裁文書の改竄とセクハラは、ノーパンしゃぶしゃぶより、はるかに罪が重いと思うのだが、お咎《とが》めはほとんどなかったのだ。

しかも、福田前次官は、週刊新潮を発行する新潮社を名誉毀損で提訴する構えを変えなかった。証拠もあるし、証言もある。まったく勝ち目のない裁判を福田氏はなぜ主張し続けたのか。その目的は、安倍政権への国民の批判を継続させるためだったとしか考えられないのだ。

■財務省に騙されてはいけない

政府は、基礎的財政収支の黒字化目標をこれまでの2020年度から、2025年度に先送りする方針を決めた。財政再建を急げば、景気が失速してしまうからだ。だが財務省は、2021年度に中間目標を設ける方針だという。そうすることで、財政を引き締め、2019年度からの消費税率引き上げを正当化するのが目的だろう。

しかし、財務省に騙《だま》されてはいけない。森友学園の決裁文書改竄で、財務省がいかに嘘つきかというのはよくわかったと思うが、財務省がついている最大の嘘は、「日本の財政は先進国最悪で、消費税率を引き上げなければ財政が破綻《はたん》してしまう」という多くの国民が信じている神話なのだ。

詳しいことは、拙著の『消費税は下げられる！　借金1000兆円の大嘘を暴く』(角川新書) に書いたので、それをぜひ読んでいただきたいのだが、概略は以下のとおりだ。

日本の財政が健全であるということの一つの証拠は国債金利だ。日本国債の金利は、0・1%程度と、世界で最も低い水準にある。「信用できない相手からは高い金利を取る」というのは、金融の世界の大原則だ。例えば、優良大企業が銀行から融資を受けるときの金利は、いま1%を切っている。それが中小企業になると2〜3%に上がり、経営状態のよくない企業が金融業者から借りるときは、10%台になる。そうした事情は、国でも同じだ。ギリシャが財政破綻したとき、ギリシャ国債の金利は1年で20%を超え、ピーク時には40%に達した。財政状態が悪ければ、金利が上がるのだ。日本の長期国債金利は、無借金財政を誇るドイツと並んで世界一低い。それは、日本の財政が世界一健全だという何よりの証拠なのだ。

なぜ日本の財政は健全なのか。財務省が作成している「国の財務書類」という統計をみると、連結ベースで国が抱えている債務は1400兆円となっている。これが、国民が聞かされ続けてきた天文学的借金を示す数字だ。しかし、この統計のバランスシートをみると、日本政府は莫大《ばくだい》な債務とともに960兆円という世界最大の資産を保有している。差し引きすると、国が抱える純債務は450兆円にすぎない。日本のGDPが540兆円だから、純債務の対GDP比率は83%で、これは欧米各国とほとんど変わらない水準だ。国際的には、国の財政状態をみるときには、純債務、つまりネットの借金で考える。つまり、世界の物差しで測れば、日本の財政は、ごく普通なのだ。

ところが、財務省は、国の保有する資産は、売れない資産なのだから、それをカウントしてはいけないという意味不明の主張を繰り返している。しかし、そんなことはない。

例えば、国はおよそ100兆円の米国債を保有している。米国債は、世界で最も流動性が高い、つまり売りやすい債券だ。確かに一気に100兆円分を売りに出せば、暴落するかもしれないが、少しずつ売れば、まったく問題はない。

また財務省は、「道路は売れない」と言っているが、イタリアはEUに加盟する際、債務の削減を求められたため、高速道路を民営化して、その株式を売り出した。日本でも同じことはできる。それどころか、日本の高速道路はすでに株式会社化されており、売る気になればいつでも売れる状態なのだ。売却がむずかしいとされる不動産も、いくらでも売れる。霞《かすみ》が関《せき》官庁街、都心の国家公務員住宅など、すぐに売れるものばかりだ。国家公務員は、緊急事態の招集に対応しないといけないので、公務員住宅が不可欠だと政府は言うが、緊急事態に会社に行かないといけないのは民間も同じだ。しかし、民間で社宅を整備する会社はほとんどなくなっている。

私が、政府の保有する資産を一通りチェックしたところ、すぐに売れないのは国際機関への出資金など、ごく一部だけだった。もちろん、資産をすぐに売る必要はない。ただ、国の財政を考えるときには、国が保有する資産もカウントしないといけないということだ。国債価格を決める債券市場は、それをカウントして国債金利を決めている。カウントしていないのは、財務省だけなのだ。

■日本の財政は世界一健全

ここまでの話は、日本の財政は「普通」ということだった。しかし、本当は、日本の財政は世界一健全なのだ。その仕掛けは、財務省がひた隠しにしている「通貨発行益」にある。

アベノミクスの金融緩和は、日銀が保有する国債を大幅に増やした。日銀が保有する国債は、事実上返済や利払いが不要なので、借金ではなくなる。経済学では、これを「通貨発行益」と呼んでいる。いま、日本の通貨発行益は450兆円にも達している。国の抱える純債務も450兆円だから、通貨発行益と純債務を通算すると、ちょうどゼロになる。つまり日本政府は、現時点で無借金経営になっているのだ。

なんだか怪しいと思われるかもしれないが、通貨発行益は、貨幣制度が登場して以来、世界中で、ずっと使われ続けてきた。それは日本も同じだ。例えば、明治維新のとき、新政府は、太政官札《だじょうかん》という政府紙幣を発行して、維新の費用をまかなった。太平洋戦争のときは、戦時国債を日銀が引き受けて、その資金で戦争が遂行された。古くは、江戸《えど》幕府は、財政が苦しくなると、小判の金含有量を減らす改鋳を行い、通貨の発行量を増やした。発行量を増やした分は、幕府の財政収入となる。これも、通貨発行益の活用なのだ。

通貨発行益は、使い過ぎるとインフレを招く。戦後の日本は、太平洋戦争中やその後のインフレに懲りて、通貨発行益の使用を控えてきた。つまり、必要以上に財政と金融を緊縮化してきたのだ。そのツケで、日本は通貨発行をいくら増やしても、物価上昇率がプラスにならない深刻なデフレに陥ったのだ。日銀が、あといくら通貨発行を増やしたら、デフレ脱却が達成されるのかは、正確にはわからないが、天井が相当高いことは間違いない。少なくとも、あと１０００兆円程度の国債発行は、問題を起こさないとみられる。通貨発行益でまかなわれた太平洋戦争の戦費は、ＧＤＰの９倍だったからだ。

■消費税率引き上げに全精力を傾ける財務省

そうした状況にもかかわらず、財務省は２０１９年10月に予定される消費税率の引き上げに全精力を傾けている。それも、安倍政権を支配することを通じて消費税増税を実現しようとしているのではないかと、私はみている。

予《あらかじ》め断っておくが、私は安倍政権の政策の大部分を支持していない。憲法改正も、原発政策も、働き方改革も、米国と富裕層を利するすべての政策に反対だ。ただ一点、マクロ経済政策、すなわち財政政策と金融政策に関しては、安倍政権のやり方は、正しいと考えている。特に、消費税増税をやめて消費税率を下げようとする姿勢は、１００％正しい。

安倍政権が登場する前までの日本は、財務省が完全支配する国だった。そこにくさびを打ち込んだのが、安倍首相だったのだ。官邸スタッフを経済産業省出身者で固め、内閣人事局を作って、人事面から官僚を抑え込んだ。消費税率の引き上げも、過去２回延期した。財務省にとっては、史上初めて現れた天敵が、安倍首相だったのだ。

財務省のマインドコントロールは、強力だ。民主党が政権を取った2009年の総選挙の際に、消費税率引き上げ凍結を訴えていた野田佳彦《のだよしひこ》氏は、総理大臣になって財務省のレクチャーを受けると、あっさりと、消費税増税派に心変わりしてしまった。そして、いま、ポスト安倍と呼ばれる自民党の政治家たちのマインドコントロールも、すでに完成させているのだ。

例えば、岸田文雄政調会長だ。結局立候補は断念したが、2018年4月18日に開いた派閥のパーティーで、岸田氏は、岸田派の政策骨子となる「K-WISH」を発表した。「Kindな政治」、「Warmな経済」、「Inclusiveな社会」、「Sustainableな土台」、「Humaneな外交」の頭文字を取ってつけられたものだという。

岸田氏の政策の方向性は、一言でいうと、アベノミクスの否定だ。政策の柱として打ち出したのが、財政再建とボトムアップ型の政治だ。安倍政権が採ってきた積極的な金融緩和・財政出動を基本とする経済政策を否定する。また、官邸に官僚の人事権を集中する安倍流トップダウン政治を否定して、ボトムアップ型の政治に戻すことを打ち出したのだ。

自民党内には、この政策に追随する動きが、すぐに現れた。竹下派会長に就任したばかりの竹下亘《わたる》総務会長は、自民党総裁選に関して「政策的に近いのは岸田派」と述べて、岸田派への親近感をあらわにした。石破茂元幹事長も4月19日に開かれた派閥例会で、岸田派が財政の持続可能性などを打ち出したことに触れ、「私たちが３年前にグループを立ち上げたときに言ったことと、奇《く》しくもというべきか当然というべきか、似たような方向になっている」と述べ、自民党総裁選で岸田氏と連携する可能性をにじませた。岸田文雄氏の政策は、しばしば「リベラル」と言われるが、経済面からみれば、増税路線かつ官僚支配、つまり財務省支配の完全復活に直結する政策なのだ。これでは、到底国民の支持は得られないだろう。それでも、政界が「消費税増税」の掛け声だらけになってしまうのは、財務省を敵に回すことが、とてつもなく恐ろしいからなのだ。

■財務省支配に終止符を

財務省がなぜそこまで恐れられているのか。もちろん財務省が国家予算を牛耳っているという理由が、大きい。金庫番の権力はそもそも大きいのだ。しかし、もう一つ大きな権力の源泉がある。それが、国税庁を傘下に置いているということだ。

形式的には、財務省と国税庁は別組織になっているが、実質的に国税庁の中枢は、財務省に入省したキャリア官僚が支配している。だから税制はもちろん、実際の徴税実務も財務省の思いのままになる。

実は、徴税というのは、グレーゾーンの大きい世界だ。サラリーマンのように所得がガラス張りで、額も大きくない場合は、誰が計算しても税金は同じになるのだが、事業をしていたり、所得や資産が大きかったりする場合には、税務申告の仕方によって、税額が大きく異なってくる。そして、それを認めるかどうかは、国税職員の判断にかかっているのだ。だから、庶民にとっては、税務署は怖くも何ともないが、富裕層にとっては、警察より怖い存在が国税なのだ。国税職員のほとんどは退職後に税理士になるが、企業が国税ＯＢを雇うのは、税務署との交渉役を務めてほしいという期待があるからだ。

そうした事情は、政治家も同じだ。政治家は政治資金という性格があいまいな資金を受け取っている。ひとたびそれに課税されたら、追徴課税を受けるだけでなく、脱税で逮捕されてしまう。つまり、国税ににらまれたら、政治生命を失う可能性があるから、ほとんどの政治家は、財務省に逆らえないのだ。

財務省に逆らえない事情は、警察や検察にもある。多くの事件の捜査には、銀行取引や税務申告などの財務データが不可欠だ。しかし、財務省を敵に回すと、それらのデータが入手できなくなってしまう。だから、どうしても財務省には厳しく向き合うことができない。森友学園への国有地払い下げに関する決裁文書を書き換えた虚偽公文書作成事件は、改竄を指示したとされる佐川宣寿前国税庁長官を含め、財務省から1人の逮捕者も出ず、最終的に全員が不起訴になった。大阪地検は、最初から不起訴の判断を固めていたとも言われている。これが法治国家だろうかと疑わせる事態が、現実に起きているのだ。

私は、財務省の強大過ぎる権力を抑制する一番よい方法は、国税庁を完全分離することだと思う。かつて民主党が政権を取る直前の２００９年のマニフェストで、国税庁を分離して社会保険庁と統合して、歳入庁を創設する構想を明らかにした。年金保険料の未納が問題となったことから、確実に保険料を徴収するための手段だったが、もしこれを実行していれば、財務省の権力は大幅に抑えられ、財務省は普通の役所になっていただろう。だから、いまからでも遅くない。財務省から国税庁を切り離すのだ。そうすれば、日本の財政をどうしたらよいのか、公正で客観的な議論ができるようになる。

そうしたうえで、最初に取り組むべきことは、消費税率の引き下げだ。通貨発行益の活用でも、富裕層への課税でも、財源はいくらでもある。消費税率の引き下げができれば、国民の実質所得が増えるから、消費が拡大して、日本経済は健全な形で、デフレ脱却に向かうことができる。そして、もう一つ、消費税率の引き下げこそが、森友学園問題に関しての財務省に対するペナルティとして、唯一残された有効な手段なのだ。

■日銀は初心に帰れ

米国経済が好調なため、FRB（連邦準備制度理事会）は、２０１８年９月26日に連邦公開市場委員会（FOMC）を開いて、政策金利を０・２５％引き上げ、年２・００〜２・２５％とした。長期金利も一時３％台に乗せるなど、米国は金融引き締めに動いている。一方、デフレから脱却できない日本は、相変わらずゼロ金利を続けている。

こうした状況になると、本来なら、金利のつかない円を売って、金利のつくドルを買う動きが強まるから、円安・ドル高になるはずだ。ところが、対ドル為替《かわせ》レートは、横ばいないし、やや円高方向に動いている。なぜ、こんなおかしなことが起きているのか。

答えは、日銀の金融政策にある。実は、日銀は、安倍政権発足直後こそ大胆な金融緩和を行ったが、その後、ずっと金融引き締めに転じているのだ。米国が金融引き締めに出ても、日本も歩調を合わせて金融引き締めに動いているから、為替が動かないのだ。

図表８は、２０１２年以降のマネタリーベース（現金＋日銀当座預金）の対前年同月比伸び率の推移だ。安倍政権が発足して以降、伸び率は大幅に高まり、２０１４年２月には、55・７％と、高い伸び率を達成した。しかし、その後、伸び率は下がる一方で、２０１８年７月には７・０％と、アベノミクス開始時よりも伸びが小さくなってしまっているのだ。安

図表8　マネタリーベースの対前年同月比伸び率

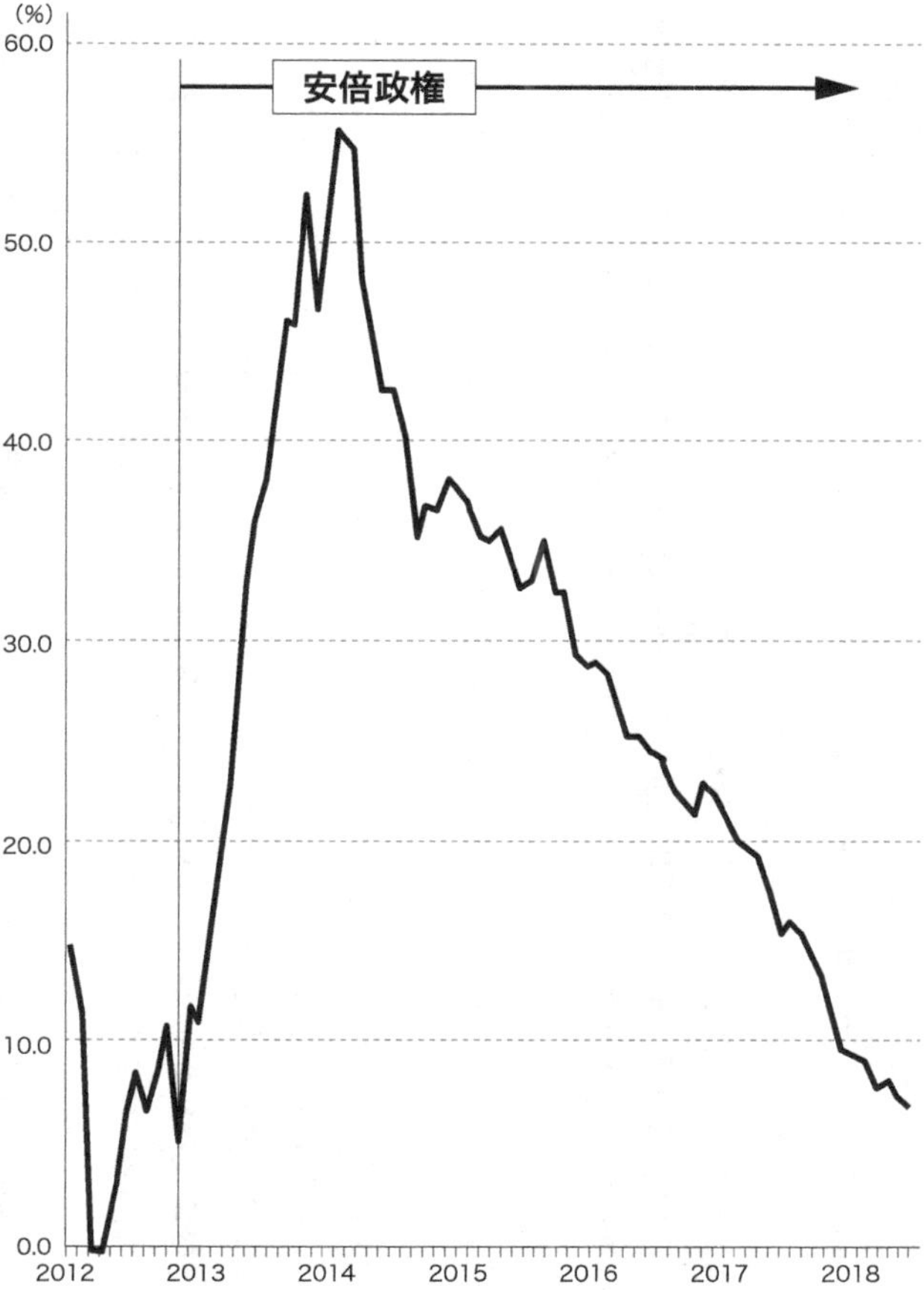

倍政権の課題は、金融緩和の出口戦略だとよく言われるが、現実には、日銀はとうに出口を出てしまっているのだ。

現在でも、日銀は消費者物価上昇率を2％に向けて誘導するという物価目標を掲げている。この物価目標政策（インフレターゲット）は、物価上昇率が2％に達するまで、資金供給を拡大し続けていくというのが本来の運用だ。2018年7月の消費者物価指数（生鮮食品を除く総合）の対前年同月上昇率は、0・8％となっており、物価目標の2％に遠く及んでいない。だから、日銀は、本来、マネタリーベースの伸び率を高めていかなければならないのだ。

ところが、なぜか日銀は、資金供給の伸び率をどんどん絞っているのだ。それは一体何故なのだろうか。

2017年9月21日の日本銀行政策委員会金融政策決定会合で、興味深い事件が起こった。当面の金融政策（短期金利は▲0・1％のマイナス金利、長期金利は0％）に関して、9人の政策委員のうち、たった1人、新任の片岡剛士《かたおかごうし》審議委員だけが、反対票を投じたのだ。片岡委員は、かつて三和総合研究所で、私の部下だったため、性格はよく知っている。正義感が強く、真面目を絵に描いたような男だ。片岡委員が反対した理由を日銀は、次のように公表している。

片岡委員は、資本・労働市場に過大な供給余力が残存しているため、現在のイールドカーブのもとでの金融緩和効果は、２０１９年度頃に2％の物価上昇率を達成するには不十分であるとして、反対した。

片岡委員は、物価の前年比は、原油価格や為替の影響により当面上昇すると見込まれるものの、来年以降、２％に向けて上昇率を高めていく可能性は現時点では低いとして反対した。

要するに、物価目標を達成できる可能性が低いから、もっと金融緩和を強めるべきだということだ。片岡委員は、当たり前のことを当たり前のようにやれと言っただけなのだ。それから1年たって、やはり片岡委員の言ったとおり、物価目標達成には、ほど遠い状況が続いている。それなのに、なぜ残りの8人の審議委員は金融緩和拡大を拒否したのか。

私は、米国への忖度《そんたく》があったのではないかと思う。大統領選挙のときに、トランプ大統領は、日本と中国が通貨安政策を採り、それを武器に米国に莫大な輸出をして、米国の貿易赤字を拡大させていると主張していた。選挙期間中、次のような発言までしたのだ。「日本の安倍は、（米国経済の）殺人者だが、ヤツはすごい。地獄の円安で、米国が日本と競争できないようにした」、「キャタピラーがコマツより売れないのは円安誘導のせいだ」。

こうした姿勢は、トランプ氏が大統領になってからも変わっていない。2017年1月31日、トランプ大統領は、米国の大手製薬会社幹部との会談のなかで、こう発言したのだ。

「他国は、マネーやマネーサプライ、通貨の切り下げを利用し、我々を出し抜いている。中国がやっていることをみてみろ。日本がこの数年でやってきたことをみてみろ。彼らは金融市場を利用している」と中国や日本の金融政策を批判し、米国の製薬会社が被害を受けているとしたのだ。

この日本批判に対して安倍首相は、2017年2月1日の衆院予算委員会で、日本が為替を操作したという事実はなく、金融緩和についても、「2%の物価安定目標に到達するために適切な金融政策を日銀に委《ゆだ》ねている」と述べるにとどまった。

ポイントは、トランプ大統領が円安を批判したのではなく、日本の金融政策を批判したところにある。金融緩和をすれば、通貨安がもたらされるというのは、経済学の教科書にも書いてある「常識」だ。しかし、それを公の場で言ってはいけないという不文律がある。もし、それを公式に認めてしまうと、各国が自国通貨の供給をどんどん増やし、通貨安に誘導する「通貨安競争」を招いてしまうからだ。通貨安競争の先には、世界インフレが待っている。

円をたくさん供給すれば、円が安くなる。安倍首相も当然そのことは、わかっている。わかっているからこそ、金融緩和を頑《かたく》なに拒んできた日銀の白川方明《しらかわまさあき》前総裁の後任に金融緩和派の黒田東彦総裁を任命したのだ。だから、トランプ大統領の主張は、筋が通っているといえば、通っているのだ。

リーマンショックのときを基準に日米の資金供給量（マネタリーベース）の動きをみると、一貫して米国のほうが金融緩和の度合いは大きかった。だから、民主党政権末期には１ドル＝70円台という円高になってしまったのだが、日銀が黒田体制になってから、急激に日本の資金供給が増えていく。そして、２０１５年末に米国がゼロ金利解除をすると、米国の資金供給が横ばいから減少に転じたため、２０１６年に、ついに日本の資金供給が米国を追い抜いてしまったのだ。

つまり、トランプ大統領の日本批判は、「子分が親分を抜くとは何事か」と言っているのだ。為替は表向き市場で決まることになっているから、国際交渉の舞台で議論の対象になりにくい。しかし、それが国にとって、最大の関心事であることも事実だ。

民主党政権末期に、あまりにひどい円高に見舞われたので、当時の閣僚の１人に、「いますぐ金融緩和をして、円高を防ぐべきだ」と進言したことがある。そのときの答えは、「金融緩和なんて、米国が許してくれると思っているのか」というものだった。

安倍政権発足当初の日銀は、断固たる金融緩和を実行するという確信に満ちていた。その勢いを失ったいま、日銀は初心を取り戻すべきではないだろうか。それができないというなら、やはり日銀も、対米全面服従路線に呑《の》みこまれているとしか、考えられないのだ。

■米国軍事支配からの脱却

日本は、日米安全保障条約のもと、米国の軍事力に守られているから、他国の侵略を受けることがなく、防衛費を安く抑えることができて、経済発展と豊かな暮らしを手に入れることができた。国民の多くが信じている神話だ。しかし、それは本当だろうか。現在、日本には約5万人の米兵が駐留している。世界最大の規模だ。韓国にも2万5000人の在韓米軍が駐留するが、大掛かりな駐留は、アジアではその2カ国だけだ。フィリピンも、タイも、シンガポールも、マレーシアも、インドネシアも駐留米軍を受け入れているが、その規模はわずか数百人で、日本より2桁《けた》も少ないのだ。それでは、日韓以外のアジア諸国が、他国の侵略を受けて、国土や国民を守ることができていないのか。そんなことは、まったくない。

そう主張すると、「他の国は国防のための軍隊を持って、侵略を防いでいる。日本は憲法9条の規定で軍隊が持てないのだから、米国に守ってもらう以外に道はない」と反論される。しかし、日本の自衛隊は、そんなに貧弱なのだろうか。米国の軍事力評価機関である「グローバル・ファイヤーパワー」が発表した2018年版の軍事力ランキングによると、日本の軍事力は世界8位だ。アジア各国の防衛費をみると、日本が440億ドルであるのに対して、中国の1510億ドルは別格として、インド470億ドル、韓国400億ドル、台湾107億ドル、インドネシア69億ドル、北朝鮮75億ドル、ベトナム34億ドル、タイ54億ドルなどとなっており、日本の防衛費は、中国を除くと、アジアトップクラスの大きさになっているのだ。それだけ大きな防衛費をかけて、世界8位の軍事力を持っていながら、米国に守ってもらわなければ、日本は生きていけないというのは、どう考えても、根拠のない話だ。

日本の防衛費は、GDPの1%程度だから、非常に小さく、それが経済を発展させたという話もあるが、実は一般歳出の8%以上が防衛費に振り向けられている。防衛費の負担が軽いわけではないのだ。

私は、日本が米国に守ってもらっているのではなく、いまだに米国の占領下に近い状態にあるのだと考えている。

例えば、日米地位協定によって、米国軍人や米軍基地内での犯罪は、米国が一次的裁判権を持つ。この規定によって、1995年に沖縄の米兵が日本の少女を集団強姦《ごうかん》した事件で、犯人が日本に引き渡されることがなかった。また、2004年に、沖縄国際大学に米軍ヘリが墜落したときも、地位協定が壁となって、日本の警察の捜査は進まなかった。

さらに、地位協定によって、米軍人は出入国管理の対象ではなく、外国人登録の必要もない。米軍機は、航空法の適用を受けず、自由に日本国内を飛び回ることができる。だから、米軍基地を経由すれば、米国人は、日本政府の規制を一切受けることなく、出入国がフリーパスで、国内のどこでも、自由に活動できるのだ。まさに、日本は植民地のままになっているのだ。

かつて民主党は、野党時代の2008年、社民党、国民新党と共同で、日米地位協定の改定案をまとめた。ところが、政権を奪取した2009年の総選挙の際のマニフェストでは、「日米地位協定の改定を提起する」とトーンダウンし、政権を取ったあとは、一切、改定を提起することはなかった。

しかし、戦後73年も経過したのだから、日本はそろそろ米国から独立すべきではないのか。これはけっして妄想ではない。実は、日本と同じ太平洋戦争の敗戦国であるドイツやイタリアも、かつて日本と同じような状況に置かれていた。しかし、東西冷戦終結後の1990年代に見直しを行い、基地内での米兵にも警察権が及ぶようになり、米軍機は国内の航空法に従って飛ぶなど、駐留米軍の活動には、基本的に自国の国内法が適用されるようになっている。いまだに駐留米軍が特権を行使しているのは、世界の中で日本だけになっている。ドイツやイタリアが米軍からの独立を手にできたのだから、日本ができないはずがないのだ。

もちろん、国防軍を作って自主防衛をしろとか、ましてや核武装をしようというのではない。日本は専守防衛に徹して、米国一辺倒の外交ではなく、アジア諸国と良好な関係を築くことで、国を守ればよい。中国や韓国を敵視するような政策をやめれば、それは可能なはずだ。

そのうえで、在日米軍に、段階を追って、日本から撤退してもらい、日米地位協定を解消する。トランプ大統領は、防衛ラインを日本列島からグアムに後退させようとしているのだから、それも不可能なことではないはずだ。

ところが、現実は、むしろ対米服従の強化に向かっている。安倍首相は、自民党総裁選挙に向けて２０１８年９月10日に行った所信表明演説で憲法第９条に関して次のように語った。

「合憲性について議論がある旨ほとんどの教科書に記述があります。自衛官たちの子どもたちもこの教科書で学ばなければならないんです。皆さんこのままでいいんでしょうか。彼らが誇りを持って任務を全うできる、そういう環境を作っていくことは今を生きる政治家の、私たちの使命ではないでしょうか。憲法にしっかりと日本の平和と独立を守ること、自衛隊、と書き込んで私たちの使命を果たしていこうではありませんか」。

巧みな論理だ。災害復旧などで、自衛隊員が奮闘努力する姿を国民はみている。だから、彼らを憲法上きちんと位置付けようという主張に、ついついうなずいてしまうのだ。

実際、２０１８年４月に読売新聞が行った世論調査では、憲法９条の条文は変えずに、自衛隊の存在を明記する条文を追加することに「賛成」は55％、「反対」は42％と過半の国民が改正を支持している。

戦力の不保持という規定は残すのだから、自衛隊は軍隊ではない。だから、日本独自の判断で、戦争はできない。それでは、自衛隊は何をするのか。

ここで考えなければならないのは、２０１５年に成立した安全保障関連法だ。この法案では、自衛隊の派遣が可能となる条件を細かく規定しているが、例えば存立危機事態の場合には、集団的自衛権の行使が可能となり、自衛隊の武力行使も認められることになっている。

もっとわかりやすく言うと、米国が戦争を始めて、自衛隊を出せと言ってきたときには、米軍の指揮下で、自衛隊が一緒になって戦争をすることが可能になったのだ。新しい憲法の規定の下では、自衛隊は軍隊ではないのだから、日本独自の判断で戦争はできない。あくまでも、米軍の付属部隊として戦争をするようになるのだ。

そう考えると、今回の自民党案の憲法改正は、米国にとって、きわめて都合のよいものだということがわかる。米国は、一貫して、日本の再軍備、軍事力強化を警戒してきた。しかし、その一方で、近年は、日本にも軍事負担を持たせようとも考えている。その二つのニーズを同時に満たせる最良の憲法が、戦力の不保持と自衛隊の明記という今回の安倍首相の改

まったのだ。

憲案なのだ。対米服従路線は、ついに自衛隊員の命さえ、米国に差し出すところまできてし

■全面服従はイジメを加速させるだけ

２０１８年3月23日、米国が鉄鋼やアルミに新たな関税を課す措置を発動させた。輸入品が米国の国内産業を脅かしている現状が、米国の安全保障の脅威になっているというのが、発動の理由だ。鉄鋼には25％、アルミ製品には10％の関税がかけられた。

ただし、ホワイトハウスは、北米自由貿易協定（ＮＡＦＴＡ）を結んでいるカナダとメキシコに加え、ＥＵ、豪州、ブラジル、アルゼンチン、韓国を、当初の関税対象外とした。ところが、日本は、初めから関税の対象になったのだ。

米国の鉄鋼輸入に占める日本の割合は5％に過ぎず、しかも日本から米国に輸出されているのは、鉄道のレールや自動車用の特殊鋼など、米国の鉄鋼業が生産していない品目が大部分を占めるため、日本に大きな影響はないとみられる。しかし、問題は、日本が適用除外にならなかったという事実のほうだ。

日本政府は楽観していたようだ。日本は最も忠実な同盟国であり、日本から鉄鋼を調達す

ることは、米国の安全保障に何ら脅威を与えるものではないからだ。

しかし、日本は米国にとってEUや韓国以下の存在だった。それは、なぜか。私は、日本が米国にとって「都合のよい国」になっているからだと思う。例えばEUは、米国が関税をかければ断固たる対抗措置を採ると宣言した。ところが、日本は、報復措置どころか、「遺憾である」とのコメントを出すにとどまったのだ。私自身が、小学校から中学校の初めの頃まで、ずっとイジメを受けてきたのでよくわかるのだが、イジメは抵抗しなければ、エスカレートするばかりだ。

そのことが、明らかになる事件が起きた。2018年9月26日にニューヨークで行われた日米首脳会談で、日米二国間の関税交渉(TAG)に入る合意がなされた。安倍首相は、「両国間の貿易を拡大し、ウィン・ウィンの関係を築く合意だ」と自賛したが、実態は日本の惨敗だった。

そもそも、日本は米国に対して、TPPに復帰するよう働きかけてきた。しかし、トランプ大統領はそれを拒絶し、日本から輸入する自動車に25%の関税をかけると脅してきたのだ。それに怯《おび》えた日本は、実際の関税交渉が始まる前に、「関税はTPP水準までしか下げませんよ」と言って、事実上TPP水準まで下げることを約束してしまったのだ。自動車を守るために、農業を生贄《いけにえ》に出したのだ。しかも、米国は、関税交渉の協議中は、自動車への関税引き上げを凍結すると約束しただけで、将来のことは何も言っていない。つまり、米国は何も譲歩せず、日本だけが犠牲を払うことになったのだ。

本来なら、米国のほうが厳しい立場に置かれるはずだった。２０１９年中とも言われるＴＰＰの発効を迎えれば、ＴＰＰ参加国から日本が輸入する牛肉の関税は、現在の38・５％から16年かけて９％まで下げられる。そうなると、ＴＰＰ参加国の豪州産牛肉だけが安くなって、ＴＰＰ不参加の米国産牛肉は、競争力を失ってしまう。米国は焦るだろう。だから、それを交渉カードとして使うべきだったのだ。

それなのに、いきなり日本が輸入する農産物の関税をＴＰＰ水準まで下げると約束して、それと引き換えに、関税交渉協議中の自動車関税引き上げを凍結してもらったというのが、日米首脳会談で行われた取引だった。これだと、協議が終われば、米国はいつでも同じカードで日本に脅しをかけられるから、中長期でみれば、日本は何も得ていないのと同じだ。

元々、ＴＰＰでは、米国が日本から輸入する自動車への関税は、撤廃するという約束になっていた。それを25％に上げるというのは、滅茶苦茶な話だ。だから、日本も、アマゾンを締め出すとか、ｉＰｈｏｎｅを禁止するとか、滅茶苦茶なことを言って、対抗すべきだったのだ。それができなかったのは、安倍政権が、対米全面服従戦略を採っているからに他ならない。

米国との貿易交渉で、日本と対照的な行動に出たのが、中国だ。中国が知的財産権を侵害しているとして、トランプ政権は、2018年7月6日に340億ドル分の中国製品に輸入関税を課す通商法301条の制裁措置を発動した。中国は即座に米国製品に同額の報復関税を課すことで応じた。そして、トランプ政権は、翌月の8月23日から279品目、160億ドル規模の中国からの輸入品に追加関税を課す対中制裁の第2弾を発動した。これに対して中国も、米国の対中制裁がWTOのルールに違反するとして、WTOに提訴するとともに、米国製の自動車、鉄鋼、銅など、160億ドル相当の米国製品に報復関税を課すことを発表した。さらに9月24日には、米国は2000億ドル規模の中国製品に制裁関税をかける第3弾を発動した。ここまでの累積で、米国は、中国から輸入する商品の半分に制裁関税をかけるところまでやったのだ。もちろん、中国は即座に報復した。

正直言うと、私は、この第3弾が発動される前に、中国が妥協して、米中貿易戦争は終結すると見ていた。理由は二つあった。

一つ目の理由は、制裁関税・報復関税の規模だ。7月の第1弾は、340億ドル規模ということで、米中が同額だった。8月の第2弾も、160億ドル規模で同額だ。ところが、第3弾の関税は、米国が中国製品に課すのが2000億ドル規模であるのに対して、中国が米国製品に課すのは600億ドル規模に過ぎなかった。なぜ、そんなに小さいのかというと、米国の中国製品輸入と比べて、中国の米国製品輸入が圧倒的に小さいため、中国は関税を課すネタがなかったのだ。中国は追い詰められたと言ってよい。

第二の理由は、米国が制裁を課す中国製品の品目だ。７月の第１弾は、自動車、航空宇宙、原子炉、ロボットなど、米国の国内産業が作っている商品で、まさに米国の製造業を復権させるというトランプ政策そのものだった。一方、８月の第２弾は、半導体関連、鉄道車両、化学製品など、中国以外の国からいくらでも調達できる商品だ。ところが、第３弾は、家具、食料品、革製品など、中国以外の国から調達すると、割高になる商品になっている。もし第３弾を発動すると、米国の消費者物価が上昇して、米国経済に深刻な影響が出てしまう。つまり、米中双方に、貿易戦争を第２弾までで止めたいという思惑があったのだ。

中国の専門家によると、中国は米国と妥協する準備もしていたのだという。しかし、中国は、トランプ大統領の暴挙に対して、徹底抗戦を決めた。今後、関税の引き上げの結果、中国の輸出にブレーキがかかり、中国経済は確実に苦しくなっていく。しかし、同時に米国も物価上昇で苦しくなる。そうしたお互いに追い詰められた状況になって初めて、落としどころが見えてくると、中国は考えたのだ。

トランプ大統領のやっていることは、明らかにカツアゲだ。そのカツアゲに対して、いきなり財布を差し出した日本と、財布を握りしめて離さなかった結果、ボコボコに殴られた中国。どちらが正しいか、判断は分かれるかもしれない。だが、明らかなことは、無抵抗でいると、カツアゲされる金額がエスカレートし、いつまでもカツアゲが続くということだ。

■トランプ政権は日本の農業を壊滅させようとしている

トランプ大統領は選挙期間中からTPPに反対の姿勢を示し、大統領就任直後にTPPからの離脱を決断した。TPPのような米国に不利な経済連携協定は許されず、今後、二国間協定で各国に要求を突き付けることを決めたのだ。しかし、オバマ政権時代に合意されたTPP合意は、そもそも日本に非常に不利な内容になっていた。例えば、日本が輸入する農産物の50%の品目の関税が即時撤廃、81%の品目が最終的に関税撤廃になるというのがTPPの合意だった。一方で、自動車の対米輸出は、関税の撤廃が30年先という不平等さだった。しかし、トランプ大統領の通商政策では、それでもダメだというのだ。彼は、TPP合意というちゃぶ台を一度ひっくり返して、ゼロから、日本にとってはるかに厳しい要求を突き付けようとしている。

実際の関税交渉は、これからだが、農産物自由化のターゲットには、コメも含まれているとみられる。その要求を受け入れて、TPPで合意した81%の品目の関税撤廃を超える農業の自由化が進むと、一体何が起きるのだろうか。

ＴＰＰ交渉が行われていたときに農水省が、関税撤廃による19の主要作物への影響を推計している。推計結果によると、生産の減少率は、コメが90％、小麦が99％、牛肉が75％、甘味資源作物とでん粉原料作物は１００％などとなっている。関税撤廃で、主要作物は壊滅し、日本の農業生産全体でみると、生産量が３分の１に激減することになるのだ。

もちろん、こうした農水省の見方に対する反論もある。これまで手厚い保護の下にあった日本のコメ作りを市場競争にさらすことによって、農地が大規模農家に集約化され、生産性の高いコメ作りが行われるようになり、日本の安全でおいしいコメが国際競争に打ち勝っていくというバラ色の未来だ。

しかし、そんなことが起きるはずがない。第一に、農地の集約化など、そう簡単に進まない。２０１０年の「世界農林業センサス」によると、兼業農家の割合は72・３％と、４分の３を占めている。しかも、農業収入よりも農業以外からの収入が多い第２種兼業農家が、全体の58・５％を占める。彼らは、ビジネスとして農業をやっているのではない。人件費を考えたら現在でも大赤字だ。それでは、なぜ彼らが農業を続けているのかといえば、親から受け継いだ農地を守らなければならないと考えているからだし、同時に農業そのものに喜びを感じているからだ。

もちろん、兼業農家に経済原理がまったく働かないわけではないので、減反廃止でコメの値段が下がり、所得補償も減れば、野菜などへの転作が進むはずだという意見もある。だが、それも間違っている。第2種兼業農家は週末と有給休暇を活用した農業をしている。それが可能な作物は、コメだけだ。野菜などは常時手をかけることが必要で、そもそもサラリーマンの仕事と両立できないのだ。

百歩譲って、農地の集約化が成功したと仮定しても、日本のコメ作りが市場競争の下で生き残ることはないだろう。現在15ヘクタールを超える規模で生産している大規模コメ農家の生産コストは、1キロ当たり200円程度だ。一方、コメ輸出をしている外国のコストは、わずか50円なのだ。これでコスト競争に勝つことなど、不可能だ。大規模農家こそ、自由化の影響で、生産を続けられなくなってしまうのだ。

それでは、減反や補償金の廃止で何が起きるのかと言えば、ただ単に一般の農家がますます貧乏になり、若者が誰も農業に就業しなくなるということだ。日本の農業が壊滅するのだ。もちろん、高付加価値の農産物を作る農家は生き残るだろう。しかし、安全でおいしい高付加価値の農産物を食べるのは富裕層だけだ。生活が厳しい庶民は、価格の安い輸入品を食べざるを得ない。遺伝子組み換えやポストハーベストで農薬をかけられた穀物を食べ、肉を餌として与えられた牛の肉を食べる。すぐに健康被害が出るということではないが、長期間食べ続けたときに、何らかの健康障害が発生しないとは言えないだろう。しかし、それでも構わないと、権力者たちは考えている。「弱いものは淘汰《とうた》される」というのが市場原理だからだ。

健康被害だけではない、農水省の推計によると、関税撤廃によって、食料自給率は、現在の40％から14％へと低下する。そうなったら日本は、米国なしでは、食べることさえできなくなってしまう。その結果、日本の対米服従は、ますます強まっていくのだ。

だから、たとえ自動車を人質に取られたとしても、これ以上の農産物市場の開放は、絶対に受け入れてはいけないのだ。

■いまこそベーシックインカム導入の議論を

私は、国会や国民が、いま進めなければならない議論は、財政に余裕があるいまこそ、ベーシックインカムの導入を目指すことだと考えている。

ベーシックインカムというのは、政府が、すべての国民に例えば月額７万円といった一定額を、無条件で支給する制度だ。無条件だから、低所得者にも富裕層にも、同額が支給される。富裕層への給付に違和感を覚える人もいるかもしれないが、ベーシックインカムの財源は税金だから、富裕層がより多くの税金を支払うように税制を作ってやれば、所得の再分配機能は失われない。フィンランドやインドでは、ベーシックインカムの社会実験がすでに始まっている。

多くの人が抱くベーシックインカムへの疑念は、そんなことをすると、勤労意欲が失われて、誰も働かなくなってしまうのではないかというものだ。しかし、その懸念は、これまでに行われてきた複数の社会実験で明確に否定されている。ベーシックインカムは、勤労意欲を一切阻害しないのだ。福沢諭吉《ふくざわゆきち》は心訓のなかで「世の中で一番さびしいことは、する仕事のないことです」と言った。人間は、何も仕事をしないことのほうが、はるかに辛《つら》いのだ。

しかし、ベーシックインカムを導入する財政的な余裕があるのかという疑問を持つ人はいまでも多い。この点に関して、駒澤大学の井上智洋《いのうえともひろ》准教授が、近著の『AI時代の新・ベーシックインカム論』のなかで興味深い推計をしている。1人あたり月額7万円を支給するベーシックインカムを導入しようとすると、単純計算で100兆円の財源が必要となる。しかし、失業給付や基礎年金など、廃止できる給付があるので、実質的に64兆円の財源を新たに見つければよい。たとえば、相続税率を一律30%引き上げ（最高税率85%）、所得税率を15%引き上げ（最高税率60%）れば、ベーシックインカムを導入できるという。さらに、井上准教授は、税金を財源にするベーシックインカムと通貨発行益を財源にするベーシックインカムの、二階建ての制度の導入も提言している。

２０１７年度は日銀が国債保有を31兆円増額したので、31兆円の通貨発行益が生まれている。また、不公正な税制をただす会の「消費税率を上げずに社会保障財源38兆円を生む税制」によると、租税特別措置の廃止など、不公正税制を正すだけで、38兆円の財源を確保できるという。通貨発行益と不公正税制の是正による税収増の合計は、69兆円だから、増税を一切しなくても、月額７万円のベーシックインカムを導入して、お釣りがくることになるのだ。

まだ他にも方法はある。前章で述べたように、日本人のＨＮＷＩ（超富裕層）が保有する投資資産は総額で８４７兆円ある。これに５％を課税するだけで、42兆円の税収が得られる。彼らは、５％程度の運用益を得ているから、５％課税しても元本は減らない。これに不公正税制の是正分38兆円を加えると80兆円の税収が得られるから、64兆円のベーシックインカム導入費用を差し引いても、16兆円も税金が余る。これを消費税減税に回せば、消費税率を２％にまで引き下げることができるのだ。

ＡＩが仕事を奪うことで、今後人間がやらないといけない仕事は、創造的な仕事が中心にならざるを得ない。創造的な仕事は、もともと所得格差が大きいし、収入が不安定だ。だから、国民の健康で文化的な生活を守るためにも、ベーシックインカムの導入は、これからとても重要になってくる。

野党は、安倍政権打倒に注力するよりも、こうした建設的な提案で政府と対峙《たいじ》すべきだし、その前に「日本の財政は世界一健全である上に、莫大な財政黒字を持っている」という現状認識をもとに、政策を考えるべきだろう。

エピローグ　対米全面服従の始まり

本書でこれまで述べてきたように、日本経済の世界シェアが3分の1に転落するきっかけは、1985年9月22日のプラザ合意による円高だった。日本経済の集団リンチともいえるプラザ合意をなぜ日本政府が受け入れてしまったのか。その点については、ここまで、明確には触れてこなかった。ただ、いま私の頭のなかには、重大な仮説がある。それは、ある事件をきっかけに、日本政府が米国に対して、取り返しのつかない「借り」を作ってしまったからではないかということだ。

1985年8月12日18時12分に、大阪伊丹《いたみ》空港に向けて羽田《はねだ》空港を飛び立った日本航空123便は、同日18時56分に御巣鷹《おすたか》の尾根に墜落した。乗客乗員524人中、520人が死亡するという、単独機としては、世界最大の航空機事故だった。

事故の原因は、運輸省航空事故調査委員会の調査で、機体後部の圧力隔壁が破損し、そのときの風圧で尾翼の一部が吹き飛ぶと同時に油圧装置が破壊され、そのことで機体のコントロールが不可能になったことだとされた。機体は、墜落の7年前に伊丹空港で尻《しり》もち事故を起こしており、そのときに破損した圧力隔壁をボーイング社が修理した際、本来ならば、2列のリベットで留めるべきところを、1列のみのリベットにするという、十分な強度を持たない修理方法で行ったため、それが亀裂を生み、圧力隔壁の破断につながったと調査委員会は事故原因を断定した。いまでも、この公式見解は一切変更されていない。

しかし、この事故原因に関しては、当初から様々な疑念が呈されてきた。例えば、圧力隔壁が破損すれば、急減圧で機内に濃い霧が発生する。それは、過去の機体破損の事故で共通して起きている。しかし、123便では、薄い霧は発生しているものの、機内が見通せなくなるほどの霧は、発生していない。

また、123便の墜落から17年後の2002年5月25日、日航123便と同じように尻もち事故を起こしていた中華航空のジャンボ機が、これもボーイング社の修理ミスが原因で、墜落している。ただし、中華航空機は、飛行中に機体が空中分解しているのだ。なぜ日航123便は圧力隔壁の破断という重大事故を起こしながら、空中分解せず飛行を続けることができたのだろうか。

さらに、2010年8月20日号の『週刊朝日』は、日航123便の墜落直後に現地入りした米国の国家運輸安全委員会（NTSB）の調査官のメモを報道している。そのなかで、ボーイング社の担当者は、隔壁は（修理ミスによるのではなく）墜落時の衝撃で破壊されたと語っていたとされている。また、ボーイング社の担当者は、「金属疲労の痕跡《こんせき》が無い」という説明もしていたというのだ。

実は、日航123便の墜落で最大の疑問は、墜落現場の特定が大幅に遅れたことだ。墜落時間は、8月12日の18時56分だが、機体が発見されたのは、翌8月13日午前4時30分過ぎとされている。翌日早朝に航空自衛隊のヘリコプターが墜落した機体を発見したのが、現場特定につながったことになっているのだ。地元の消防団員が生存者の落合由美《おちあいゆみ》さんを発見したのは、翌日午前10時54分だった。もっと早く救出に向かえば、多くの人命が救えたにもかかわらず、現場の特定が大幅に遅れたのだ。

しかし、日航123便が墜落したのは、群馬県なのだから、機体は直前まで、確実にレーダーで捉《とら》えられていたはずだし、近隣住民も火の手が上がるのを目撃している。当時、地元の自治体からは、県や国に日航機墜落の通報もなされているのだが、なぜか墜落現場は、現場とは無関係の長野県とされるなど、翌朝まで報道が二転三転し、特定されなかったのだ。

さらに不思議なことがある。レーダーで日航機を捕捉《ほそく》していた米軍が、墜落直後に横田《よこた》基地から輸送機を飛ばし、上空から山が炎上するのを確認し、自衛隊に通報するとともに、米軍輸送機の誘導で厚木《あつぎ》基地を飛び立った米軍の救難ヘリが現場に到着しているのだ。だが、救援ヘリは、救助開始寸前に作戦中止を命じられ、何もせずに引き返している。米軍は最初から墜落現場を完全に特定していたにもかかわらず、何故か日本政府には伝わっていないことになっているのだ。それどころか、米軍が救出を中止したのは、日本政府が救出を断ってきたからだという。

何かおかしなことがあると、私はずっと疑っていた。しかし、私は、自ら動いて、事故原因を追究することはしなかった。123便の墜落以降、終電まで働き続ける状態が、30年にわたって続いてしまい、時間的な余裕がなかったのも、ひとつの理由だった。

しかし、2017年7月に青山透子《あおやまとうこ》氏が『日航123便墜落の新事実』という本を出版して、私の長年の疑問に、見事に答えてくれたのだ。青山透子氏は、123便の墜落当時、日本航空で働いていた客室乗務員で、事故機には彼女が一緒に仕事をしていた同僚たちが乗り込んでいたこともあって、事故の真相を探ろうと、あらゆる文献を収集整理し、自ら歩いて目撃者証言を集めて、いわば人生をかけた調査に取り組んできた。そして、著書のなかで、重大な事実を指摘したのだ。

予《あらかじ》めお断りしておくと、123便の墜落事故に関しては、これまでもあらゆる陰謀説が唱えられてきた。しかし、青山氏の指摘は、そうした根拠不明の陰謀説とは一線を画すものだ。青山氏は、東京大学の大学院を出て、博士の学位も取っている。東大を出ているから正しいというのではない。博士論文は厳密な審査が行われる。そのため論文には明確な根拠が求められる。憶測で書くことは許されないのだ。その論文作成の姿勢は、青山氏の著書のなかでも貫徹されている。証拠となる文献、そして実名での証言を集めて、青山氏は厳密な論証を行っているのだ。

青山氏の『日航123便墜落の新事実』のなかで、まず注目すべきことは、墜落直前の1

23便を2機の自衛隊のファントム機が追尾していたという複数の目撃証言だ。この証言のなかには、当時の小学生が事故の状況を綴《つづ》った文集のなかでの証言も含まれている。子どもたちが嘘をつくはずがない。しかし、この証言を前提にすれば、日本政府は、当初から墜落現場を完全に把握していたことになる。

それでは、公式に機体を発見したとされる翌朝まで、自衛隊は一体何をしていたのだろうか。本書に掲載された証言によると、墜落現場にはガソリンとタールをまぜたような強い異臭がしていたそうだ。また、現場の遺体は、通常の航空事故では、あり得ないほど完全に炭化していたという。自衛隊を含む軍隊が使う火炎放射器は、ガソリンとタールを混合したゲル状燃料を使用している。つまり、墜落から翌朝までの間に、何者かが証拠隠滅のために強力な燃料で焼き尽くしたのではないかという疑念があるのだ。

消すべき証拠とは何か。青山氏の『日航123便墜落の新事実』によると、123便の乗客が機内から窓の外を撮った写真を解析すると、オレンジ色の物体が飛行機に向かって飛んできているという。それは地上からも目撃されている。

青山氏は、次のような可能性を提示している。自衛隊の訓練用ミサイルなどの飛行体は、オレンジ色で塗られていた。何らかの理由で、その飛行体が123便の尾翼を破壊したため、123便は制御不能に陥ったというものだ。

青山透子氏はさらに、２０１８年7月に出版した『日航１２３便墜落　遺物は真相を語る』で、決定的な証拠を突き付けている。日航１２３便の機体は、墜落のショックでバラバラになり、広い範囲に散乱するとともに、機体尾部は、沢を滑り落ちて、山頂からかなり離れたところまで滑落して行った。そして、遺体の状況を発見場所ごとに整理すると、山頂付近の遺体は炭化しているものが圧倒的に多いのに対して、沢を下り落ちた機体尾部の遺体には、炭化したものが非常に少ないことを発見したのだ。

青山氏は、ジェット燃料という言葉の語感が、国民を惑わせていると指摘する。ジェット燃料は、飛行機の安全を考えて、非常に燃えにくい、灯油に近い成分を持つ燃料だ。墜落のショックで、主翼内に存在するジェット燃料が飛び散って遺体がそれを被《かぶ》ったとしても、完全に炭化するほど焼けるとは考えにくい。まして、夏の山の地面は、雨を吸い込んで湿っていた。その状態で、完全炭化することなどあり得ないのだ。

実は、日航１２３便の残骸《ざんがい》は、自衛隊がすべて回収したことになっているが、現場には回収しきれなかった機体の残骸が残っていた。青山氏は、その残骸に最新の化学分析を行った。その結果、ベンゼン環がみつかったのだ。ジェット燃料には、ベンゼン環は含まれていない。火炎放射器の燃料にはベンゼン環が含まれている。つまり、自衛隊は、現場を火炎放射器で焼き尽くそうとしたが、機体尾部のところまでは手が回らなかった。実際、生存者が発見されたのは、機体尾部のところだけで、しかも生存者を発見したのは、自衛隊ではなく、地元の消防団だったのだ。

自衛隊が当時開発中だった国産ミサイルの発射訓練のなかで、誤って日航123便を撃ち落とし、その事実を隠蔽《いんぺい》するため、火炎放射器で現場を焼き尽くした。もしこの推測が正しいとすると、日本政府としては、とても受け入れられる事態ではなかったろう。

墜落当時、私は経済企画庁総合計画局で働いていたのだが、国会では、防衛費がGNP比1％以内に収まるのかどうかが、連日、議論の的となっていた。経済企画庁総合計画局の産業班は、「防衛班」と呼ばれるほど、1％問題の国会答弁作成に追われていた。当時は、野党が防衛費の膨張を強く非難し、国民の自衛隊に対する感情も、いまほど理解あるものではなかったのだ。そうした環境のなかで、自衛隊が民間の航空機を撃墜するなどという不祥事は、絶対にあってはならない事態だったのだ。

しかし事件から30年以上経過したのだから、政府は国民に真相を明かすべきだ。それは、森友学園や加計《かけ》学園よりも、はるかに重要な課題だと私は思う。

その理由は、日航123便の墜落事件が、日本経済の転落のきっかけになった可能性が高いからだ。日航123便墜落の翌月には、ニューヨークのプラザホテルで「プラザ合意」が結ばれ、協調介入によって極端な円高がもたらされ、日本は円高不況に突入した。これが偶然と言えるのだろうか。

それだけではない。1989年から90年には、日米構造協議が行われ、貿易だけでなく、商慣行などの非関税障壁も徹底的な排除が米国側から要請された。当時、私はシンクタンクで経済産業省の下働きをしていたのだが、米国の担当官が雑談のなかで言った「君たちが日本語を話していること自体が、非関税障壁なんだよ」という言葉が脳裏に焼き付いている。そして、1993年には宮澤《みやざわ》総理とクリントン大統領の間で年次改革要望書の枠組みが決められ、それ以降、日本の経済政策はすべて米国の思惑通りに行われるようになった。事故の原因を作ったとされるボーイング社は、もしこれが事件だとすると、罪をかぶったかたちになったのだが、その後、着々と日本でのシェアを高め、いまや中型機以上では、寡占状態といってもよい状況を作り上げている。

123便の事故に関しては、これまで、遺族が何度も事故原因の再調査を申し入れたが、日本政府や日本航空はまったく動く気配がない。しかし、2015年8月に、私の心に希望の光が差し込んできた。あるニュースがネットで飛び込んできたからだ。そのときに保存していたニュースを再掲する。


123便の残骸か…相模《さがみ》湾海底で発見　日航機墜落30年

テレビ朝日系（ＡＮＮ）８月12日（水）11時47分配信

乗客乗員５２０人が犠牲となった日本航空機の墜落事故から12日で30年です。墜落した１２３便は羽田空港を離陸した後、相模湾の上空で圧力隔壁が壊れました。垂直尾翼など吹き飛んだ機体の多くは海に沈み、今も見つかっていません。ＡＮＮは情報公開請求で得た資料などから、残骸が沈んでいるとされる相模湾の海底を調査し、１２３便の部品の可能性がある物体を発見しました。

先月29日、静岡県東伊豆《ひがしいず》町の沖合約２・５km、１２３便の推定飛行ルートの真下にあたる水深１６０ｍの海底で撮影された映像です。右側のパネル状の部分は四角形に見え、側面にある黒い部分には数字などが書かれています。カメラとの距離などから調査にあたった専門家は、１・５ｍから２ｍほどの大きさではないかとしています。当時、事故調査委員会のメンバーとして墜落の原因を調べた斉藤孝一《さいとうこういち》さんは「この映像だけでは分からない」としたうえで、１２３便の残骸である可能性を指摘しました。

当時の事故調査官・斉藤孝一さん：「仮に航空機の部品だとすると、『ＡＰＵ』のまわりに取り付いている『コントロールボックス』といわれているようなもの」

APUは機体後部にある補助エンジンで、客室に空気を送ったり電気を付けたりする役割があります。斉藤さんは圧力隔壁の破壊という事故原因は変わらないとしたうえで、残骸が見つかれば事故の状況がより詳細に分かる可能性があるとしています。123便を巡っては、相模湾上空でのトラブルの際に機体から落ちた垂直尾翼の大半やAPUを含む機体後部の部品が見つからないまま、事故から1年10カ月後に調査が終了しています。国の運輸安全委員会はこの映像を見たうえで、「当委員会としてのコメントは差し控えさせて頂きます」としています。

最終更新：8月12日（水）11時47分

相模湾の海深く沈んでいると言われてきた翼も、この近辺の浅い海に沈んでいる可能性が高いのだ。尾翼が見つかれば、事故原因がはっきりする。もしも、訓練用のミサイルが垂直尾翼を直撃したのであれば、尾翼の残骸にオレンジ色の塗料が付着していると考えられるからだ。ところが、日本政府や日本航空は残骸の引き上げに動こうとしない。それどころか、これだけ重大なニュースであるにもかかわらず、テレビ朝日も、その他のメディアも一切続報を出さないのだ。

私は、日米関係がいったい何に立脚しているのか、本当のことを追及していかなければならないと思う。もう戦後73年も経ったのだ。日本は米国による占領を終え、国家として独立すべき時期をとうに迎えている。私は33年前の日航機墜落事件の真実を国民の前に明らかにすることが、日本の独立に向かう第一歩として、絶対に必要だと思うのだ。

付録の童話

割れた曜変天目茶碗

太郎君は、お金持ちの家で育ちました。もともとは、普通の家庭だったのですが、お父さんに商才があって、貿易業で大成功したため、家がお金持ちになったのです。一代で財を成したお父さんは、とても威厳のある人で、太郎君も厳しく育てられました。

そんな環境でも、太郎君は不良になることもなく、すくすくと、明るく優しい少年に育っていきました。

中学校に入学して野球部に入った太郎君は、部活が終わっても、毎晩、自宅の居間で素振りの練習を続けました。努力を積み重ねること以外に、野球がうまくなる道がないことを、少年ながら、よく知っていたからです。

ところが、ある日、素振りをし過ぎて、バットが手から、すっぽ抜けてしまいました。そして、運が悪いことに、そのバットは、居間に飾ってあった茶碗《ちゃわん》を直撃して、茶碗が粉々に割れてしまったのです。

太郎君は青ざめました。その茶碗は、父親がとても大切にしていた曜変天目茶碗だったからです。曜変天目茶碗というのは、茶碗の表面に斑点《はんてん》がずらりと並び、その斑点の周りを虹色の光彩が取り囲んでいるものです。見る角度によって、虹の七色が次々に現れる様子は、まるでタマムシをみているような感覚です。太郎君の家にある茶碗を除くと、日本国内に現存する曜変天目茶碗は、たった3点で、いずれも国宝に指定されています。

そんな茶碗を木端微塵《みじん》にしてしまったなんて、太郎君は、とても父親に言い出せませんでした。悩んだ挙句、太郎君は父親が可愛がっている若手の陶芸家に相談することにしました。

天才的な陶芸家で、どんな作風の作品でも作れる技術を持っていたからです。

陶芸家は、太郎君に同情して、本物そっくりの曜変天目茶碗を焼いてくれました。幸いなことに、父親の鑑定眼は、それほど高いレベルでなかったために、すり替えが父親にバレることはありませんでした。

ところが、陶芸家は、すぐに態度を豹変《ひょうへん》させました。自分は貧乏作家だからと言って、カネを無心しはじめたのです。太郎君は、父親にばれないように、家の財産を少しずつ売り払って、陶芸家にお金の工面をしました。

そんな苦悩の日々が十年も続いた後、突然、太郎君の父親が亡くなりました。太郎君は、父親の貿易会社を継いで、社長の椅子に座りました。ただ、太郎君は、社長になったことよりも、父親の死によって、陶芸家にゆすられることがなくなるということが、ずっと嬉《うれ》しかったのです。

ところが、すぐにまた危機が訪れました。新社長になった太郎君のところに、パリで日本博を開催するので、その目玉として、曜変天目茶碗を貸し出してほしいという要請がきたのです。しかも頼んできたのは、太郎君が輸出する商品をフランスで扱っている代理店の社長でした。

もちろん、展覧会に出品したら偽物であることが、すぐにバレてしまいます。そこに再び陶芸家が現れました。あの作品は、自分の技術が未熟だった時代に作ったものだが、いまの自分の技術だったら、絶対にバレない作品を作れる自信があるというのです。

太郎君は悩みました。ここで再びウソをつけば、一生陶芸家の言いなりになって、下手をすると会社を乗っ取られてしまうかもしれません。

意を決した太郎君は、出品を依頼してきたフランスの代理店の社長に、事情をすべて打ち明けることにしました。するとフランス人の社長は、微笑みながら、こう言ったのです。

タローが困った顔をしているのをみて、何かあるなと思っていたんだ。ただ、そんなことなら、解決は簡単だよ。太郎が茶碗を割ってしまったエピソードをつけて、ニセモノの曜変天目茶碗を出品しようじゃないか。

パリの日本博に出品されたニセモノの曜変天目茶碗は、大変な注目を集め、行列ができるほどの人気となりました。この件で、太郎君の会社は世界的に有名になり、それ以降、順調な成長を遂げるようになりました。悔い改めるのに遅すぎるということは、なかったのです。

一方、曜変天目茶碗を作った陶芸家は、有名にはなりましたが、彼が陶芸家として評価されることは、ありませんでした。いくら技術が高くても、ニセモノはニセモノに過ぎなかったのです。

主要参考文献

『現代日本経済システムの源流』（岡崎哲二、奥野正寛 編／日本経済新聞出版社）
『「ハゲタカ」論争　インフレターゲットは思いつきではない」（雑誌『論座』、２００３年４月号）
『「アベノミクス」私は考え直した』（浜田宏一／雑誌『文藝春秋』、２０１７年新年特別号）
『キャピタル・フライト　円が日本を見棄てる』（木村剛／実業之日本社）
『日本経済再生　まずデフレをとめよ』（岩田規久男／日本経済新聞出版社）
『日航１２３便墜落の新事実　目撃証言から真相に迫る』（青山透子／河出書房新社）
『日航１２３便墜落　疑惑のはじまり：天空の星たちへ』（青山透子／河出書房新社）
『日航１２３便墜落　遺物は真相を語る』（青山透子／河出書房新社）
『日本経済「暗黙」の共謀者』（森永卓郎／講談社プラスアルファ新書・講談社）
『雇用破壊　三本の毒矢は放たれた』（森永卓郎／角川新書、ＫＡＤＯＫＡＷＡ）
『消費税は下げられる！　借金１０００兆円の大嘘を暴く』（森永卓郎／角川新書、ＫＡＤＯＫＡＷＡ）

森永卓郎（もりなが・たくろう）
1957年7月12日生まれ。東京都出身。経済アナリスト、獨協大学経済学部教授。東京大学経済学部卒業。日本専売公社、経済企画庁、UFJ総合研究所などを経て現職。主な著書に『消費税は下げられる！』『雇用破壊』（角川新書）、『年収崩壊』『年収防衛』『「価値組」社会』『庶民は知らないデフレの真実』『庶民は知らないアベノリスクの真実』（角川ＳＳＣ新書）など。『年収300万円時代を生き抜く経済学』（光文社）では、“年収300万円時代”の到来をいち早く予測した。執筆のほか、テレビやラジオ、雑誌、講演などでも活躍中。50年間集めてきたコレクション約10万点を展示するＢ宝館が話題に（所在地：埼玉県所沢市けやき台2－32－5）。
http://www.ab.cyberhome.ne.jp/~morinaga/

なぜ日本《にほん》だけが成長《せいちょう》できないのか

森永卓郎《もりながたくろう》

2018年12月10日　初版発行
2024年 4 月10日　11版発行

発行者　山下直久
発　行　株式会社KADOKAWA
〒102-8177　東京都千代田区富士見2-13-3
電話　0570-002-301（ナビダイヤル）

装丁者　緒方修一（ラーフイン・ワークショップ）
ロゴデザイン　good design company
オビデザイン　Zapp!　白金正之
印刷所　株式会社KADOKAWA
製本所　株式会社KADOKAWA

角川新書
© Takuro Morinaga 2018 Printed in Japan
ISBN978-4-04-082261-7 C0295

※本書の無断複製（コピー、スキャン、デジタル化等）並びに無断複製物の譲渡および配信は、著作権法上での例外を除き禁じられています。また、本書を代行業者等の第三者に依頼して複製する行為は、たとえ個人や家庭内での利用であっても一切認められておりません。
※定価はカバーに表示してあります。

●お問い合わせ
https://www.kadokawa.co.jp/（「お問い合わせ」へお進みください）
※内容によっては、お答えできない場合があります。
※サポートは日本国内のみとさせていただきます。
※Japanese text only

KADOKAWAの新書 ❦ 好評既刊

サブカル勃興史
すべては1970年代に始まった
中川右介

2010年代に入ってからウルトラ・シリーズ、仮面ライダー、ガンダム、あるいはベルばら、ポーの一族などが40、50周年を迎えている。逆算すれば分かるが、これらの大半は1970年代に始まったのだ——。

新版 ナチズムとユダヤ人
アイヒマンの人間像
村松　剛

イスラエルに赴いてアイヒマン裁判を直に傍聴してきた著者。彼がハンナ・アーレントの著作発表前、裁判の翌年（1962年）に刊行した本書には、「凡庸な悪・アイヒマン」と、裁判の生々しき様子が描かれている。ベストセラー復刊。

武士の人事
山本博文

長谷川平蔵は「人物は宜しからず」。天明七年、老中首座に任じられた八代将軍吉宗の孫松平定信。賄賂の田沼時代からの脱却を目指す寛政の権力者が集めさせた、江戸役人たちの発言や噂話とは。当時を映す希有な記録『よしの冊子』を読む。

フェイクニュース
新しい戦略的戦争兵器
一田和樹

「ねつ造された報道」などというイメージとは異なり、いまや戦争兵器としての役割をも担うフェイクニュース。国家が本気でその対策を取る時代になっているにもかかわらず、日本では報じられない、その真の姿を描く。

カサンドラ症候群
身近な人がアスペルガーだったら
岡田尊司

ある種の障害や特性により心が通わない夫(または妻)をもったパートナーに生じる心身の不調——カサンドラ症候群。本書ではその概要、症状を紹介するとともに、専門医が最先端の研究から対処法・解決策を示す。